# 人为何争斗

# Why Men Fight

【英】伯特兰·罗素 著 Bertrand Russell
陈文铁 译

上海译文出版社

无论在政治和个人生活方面，凡属至高原则者，皆利于一切事物之创造，如此这样，才可减少支配占有欲的冲动和渴望。

——伯特兰·罗素

罗素是当代最伟大的思想家之一。

——《纽约时报》

反动势力没有灵感，没有生机，没有人民大众的真正力量。它只有国王、财富和军队；它在悄无声息地镇压大众，在暗中屠杀人民。战场上轰鸣的炮火是它唯一的语言……一千五百万条生命可能倒在饥饿和刀剑之下。但是任何的阴谋都不会唱歌，任何的阴谋都不会唱一首人民喜爱、经久不衰、上帝赐予的歌。这首歌在清晨，从一颗纯净的心灵里悠悠流淌而出，在飞向太阳、穿越四月的田野的时刻，一只云雀也许正在婉转地唱着它。

——米什莱

# 目　录

# 导　言

此书被诸多学者和非专业人士视为罗素对政治哲学做出的最重要贡献。成书之时正值第一次世界大战所造成的损失越来越骇人听闻，罗素打算替换掉自1914年以来他逐渐相信已经过时的以杰里米·边沁和约翰·斯图尔特·密尔为代表的19世纪自由主义。1915年年末至1916年年初，罗素提出了一个政治理论。该理论基于“冲动比有意识的目标更能塑造人的生活这一信条”，他一生中的大部分时间都坚持《社会重建原则》（*Principles of Social Reconstruction*）中的大胆分析，称这本书是对其“个人宗教信仰”的“让人不满最少”的阐释。[①]罗素的观点形成于1916年早期，他在伦敦进行的一系列关于“社会重建原则”的演讲期间，1916年11月13日以此名付梓出版。至1954年，此书在英国印刷了13次，1960年出了第二版并印了4

次，最后一印是在1989年。在美国，该书以《人为何争斗》为名，于1917年1月首次出版。至1971年，共印刷了8次。

罗素的战前政治经历并没有让他意识到他的同胞对战争是如此渴望，甚而随着冲突加剧变得更加好战。因此，在1915年年中，罗素通过分析社会行为、理性行为和感性行为的根源全方位地重新审视政治学的理论基础，他认为上述行为源于破坏性、占有性的冲动或是建设性、创造性的冲动。对罗素而言，一个和谐社会的关键是塑造家庭关系、教育体制和政治体制，以此来促进创造性冲动的发展。

这些争论使罗素脱离了他的传统政治价值观，因为在敌对行动爆发之前，他一直是个自由主义者，有着强烈的维多利亚时代中期激进主义的倾向，这种倾向是他在潘布洛克宅邸[②]期间养成的。有证据表明，在爆发战争之前，罗素就想过修改自由主义传统中的理性主义，以支持有关冲动的心理学理论。在美国哲学家威廉·詹姆斯的两篇文章给他留下了特别深刻的印象，它们1913年出现在威廉·詹姆斯逝世后出版的散文集和演讲作品集中。其中一篇是他最著名的文章《战争的道德等价物》（*The Moral Equivalent of War*），另外一篇是他在美国演讲

---

① Bertrand Russell, *Library of Living Philosophers*, vol. 5, *The Philosophy of Bertrand Russell*, ed. Paul Arthur Schilpp (Evanston, Illinois, 1944) p. 726.

② Pembroke Lodge，位于伦敦里士满花园，是维多利亚女王赐予罗素祖父的宅邸。——译者

的讲稿，名为《在和平宴会上的讲话》（*Remarks at the Peace Banquet*）。两篇文章皆认为：大部分人都需要一个敌人，并希望通过战争来释放他们旺盛的精力。但詹姆斯的推断是，既然进步需要和平环境，那就必须不以人类为敌。战争再次激发了罗素对詹姆斯的关注，也对探寻攻击性的心理根源产生了兴趣。事实上，早在1914年10月，当罗素为诺曼·安吉尔的刊物《战争与和平》写了一篇名为《为什么国家爱战争》（*Why Nations Love War*）的文章时，詹姆斯哲学对他的影响是显而易见的。之后，在《社会重建原则》一书中，罗素直接提到了詹姆斯：

> 他对这个问题的陈述不能再好了。就我所知，他是唯一一位充分面对了这个问题的人。但他的解决方案远远不够，或许没有足够的解决方案也是可能的。①

1914年之前，罗素已经了解了伯纳德·哈特在《癫狂心理学》（*The Psychology of Insanity*）中对弗洛伊德的无意识冲动的强调。尽管如此，在战争结束之前罗素似乎并没有读过弗洛伊德的任何著作。

1916年1月18日至3月7日，罗素在伦敦的卡克斯顿礼堂

---

① *Principles of Social Reconstruction* (London, 1916), p. 67.

做了一个系列演讲，共计8次，其间首次提出了他对于“重建”的想法。该观点源于罗素通过与D. H. 劳伦斯一年的交往，当时两人的关系时好时坏。他们都震惊于战争的血腥杀戮，都将这种残酷无情视为非理性的。他们都在独立思考之后坚信现代社会的不公和压迫造成了如此深切的不幸福感，以至于人们需要战争来缓解他们的沮丧。奥托琳·莫瑞尔女士认识劳伦斯，并且十分钦佩他那些对攻击行为的情感泉源进行探索的小说。她也深知她的旧情人罗素也在全力解决同样的议题，即人们为什么要用武力来解决人际和国际问题。奥托琳坚信在这个问题上他们俩能为世界做出很大贡献，于是在1915年2月为这两人安排了会面。

一开始罗素和劳伦斯完全被对方的才华所吸引，甚至打算1915年秋季在英国举行一轮大型的巡回演讲，希望能改变民众，使之对道德有一种全新的理解。但在1915年春天，两人在价值观和性情上的巨大差异致使劳伦斯对罗素发起了猛烈的个人攻击，嘲笑他的想法浅薄而阴险。他谴责罗素是个无情的理性主义者，对暴力有着不可告人的渴望；而罗素则视劳伦斯为法西斯主义的马前卒。尽管劳伦斯的指责使罗素深受打击，但他很快恢复了内心的平静，继续进行他的演讲计划。

罗素联系了C. K. 奥格登，后者为《剑桥评论》工作，是一位反战的编辑，他同意为罗素的系列演讲做宣传并帮他进行组织安排。罗素十分喜欢演讲，而演讲也很受绝大多数确有同情心的知识分子、和平主义者和激进政治家的欢迎。在一封写给奥托琳女士的信中，里顿·斯特拉奇描述了这些听众的兴奋之情：

> 伯特兰的演讲于人颇有裨益，是极好的慰藉和提神醒脑的良方。人们专心致志地听他讲话，一周又一周地期待着他的到来，我也是一场都不能错过——昨天我就拖着自己疲惫的身躯去了那个阴森可怕的卡克斯顿礼堂……但这一切很值得。他毫无犹疑的样子简直太棒了——政府、宗教、法律、财产甚至高尚体统本身——通通侃侃而谈——好一场迷人的演讲！除此之外，他的建设性想法非常宏大，让人觉得自己一直在想那样的事情——但模糊不清，没有定论；而他总能把这些想法归拢，组合起来，并把它牢牢地植入人们的思想，让它闪闪发光。我不相信当今世上还能找出第二个人像他这般强大。（1916 年 2 月 16 日）[①]

要知道，罗素做这些演讲（数月后按讲稿原样出版）的时候，战争尚未达到最具毁灭性的阶段。当然，早在 1916 年，随着战斗——尤其是西线——陷入旷日持久、消耗巨大的阵地

① Michael Holroyd, *Lytton Strachey* (London, 1968), vol. 2, p. 173.

战，迅速结束冲突的所有希望都破灭了。就在罗素举行演讲期间，德国开始进攻凡尔登，并采取拖延战术，企图杀死尽可能多的法国人，以迫使他们投降。1916 年 7 月 1 日，英军对索姆河展开攻势，打响了英国历史上最惨烈的战役。此外，在 1917 年 3 月俄国革命爆发以及同年 4 月美国的介入，使战争的意识形态利害关系变得更大之前，罗素提出了“重建”的观点。因此，罗素有关“重建”的建议通常很笼统，这是可以理解的。他承认：

> 文明世界若想免于衰败，就需要根本地改变——改变它的经济结构和生活哲学……一旦弄清需要什么样的改变，就有可能把它的各部分做得更详细。但是，在战争结束前没有什么详细的用处，因为我们不知道战争会留下什么样的世界。[①]

罗素称他大部分演讲的讲稿及随后出版的一本书都是即兴而为，甚至在其《自传》中写道这本书有“一个框架和格式，但我是在写下除第一个字和最后一个字以外的所有东西时才发现”。[②]罗素此语有误导之嫌，因为他的演讲大纲和章节

① *Principles of Social Reconstruction*, p. 167.

② Bertrand Russell, *The Autobiography of Bertrand Russell, 1914 - 1942* (London, 1968), vol. 2, p. 20.

草稿都显示出他在整个写作过程中所具有的思想连贯性。

这些演讲的大获成功使罗素意识到自己有道德义务倾尽全力去阻止战争。整个 1914 年和 1915 年年初，他多数时候是孤身一人抗议战争，即使在他加入著名的民主监督联合会（Union of Democratic Control）后亦是如此，他认为其他会员太过胆怯而不敢直面腐败精英们散播的狂热的民族主义。随后，罗素的演讲以及征兵法案的通过共同为他的反战活动提供了新的着力点。在完成最后一次演讲的两周内，罗素与反征兵协会（No-Conscription Fellowship）合作，不仅为了抵制征兵制，也为了在国内开展反战运动。

演讲的性质和成功的消息也提高了罗素在美国的声誉，而他许多批评战争的著述早已在当地引起了人们的兴趣。实际上，早在 1916 年 1 月，哈佛哲学系的伍兹教授就向罗素发出邀请，请他 1917 年去那里任职，讲授哲学和政治学。1916 年 3 月，伍兹教授在看过罗素系列演讲的一份讲稿后对他说，哈佛大学校长对他将要来讲授政治学并提出一个新方法感到高兴。

与此同时，一些机缘促成了演讲内容能够集结出版。奥格登对罗素的演讲大纲恰到好处的宣传，让新成立的乔治·艾伦和昂温出版公司的主编斯坦利·昂温读到了出版计划。尽管没有听过罗素的一句演讲，昂温还是在 1915 年 11 月 29 日给罗素写信，征询其同意以演讲的格式出版讲稿。罗素发表在《大西洋月刊》上的反战文章也给昂温留下了很深刻的印象。因为罗素是对战争持异见者中最受诋毁的一个，昂温在选中这样一位尽管以文理清晰著称，现在却遭到其他大多数英国出版商唾弃的作家时显示出了自己的与众不同以及精明的商业头脑。作为回报，罗素把打印的讲稿寄给昂温，并把自己余生的主要著作都交给艾伦和昂温公司出版。

1916年11月这本书在英国出版，但1917年1月在美国出版时，书名未经罗素同意便被美国出版商——世纪出版公司——更改为《人类为何争斗：一个消灭国际冲突的方法》。它似乎受到了进步人士和左翼读者的热烈评论，许多哲学评论家的严肃分析（如果说这些人的分析经常是批判性的话），以及保守、亲战的媒体的一致敌视和蔑视。以下例子可以证明。当激进的查尔斯·P. 特雷维扬在1916年年底宣称"总之"罗素"支持革命，但他一向是有建设性的"时，此言代表了民主监督联合会。随后称此书出版后，"政治考量将以一个新的规模重新开始"，而罗素将会成为"民主哲学的再生器"。美国的社会主义期刊《大众》（*The Masses*）在1917年断言罗素"写出了自战争以来的最有趣、最深刻、最具启发性的一本书"。尽管哲学家德利勒·巴恩斯在《国际伦理学杂志》（*The International Journal of Ethics*）上感叹罗素的"对'理性'不公"，"冲动"一词运用不当，但他仍然认为此书是"建设性社会理论的一个转折点"。在一些评价中，特别是G. 道斯·希克斯在《希伯特学刊》[1] 上的，评论家的唯心主义哲学说服力导致了对罗素的“原子化哲学”的批判性评价。希克斯质疑罗素将人简化成“一堆冲动和激情的集合”，将国家描绘成一个偶然发展起来之物或一个由一群不太聪明的老人经营而必然形成的邪恶之物。道斯·希克斯和其他一些批评人士也不赞同罗素主张的世界联合会，它被罗素视为一种手段，可以防止当代民族国家被迫对外发动战争、扼杀国内的创造力、通过过时的法律和惯例实现“发展原则”。在罗素看来，唯一能替代现代国家的压迫性的、令人麻木的管理的是合作运动和工团主义，这些运动是罗素打算在战争后期结合起来加入他的基尔特社会主义[2]概念中去的。这是消除资本主义时代普遍存在的贪婪和异化的唯一途径，同时又能在车间、学校和政府中促进民主。

由于英国的哲学体系基本上是唯心主义的，所以有许多在语气和内容上与道斯·希克斯相似的攻击言论。由于对自己的哲学立场充满信心，对自己视为昏庸之辈的行止早已不屑一顾，罗素草草地驳斥了他们。然而，即使是许多批评罗素的原子主义的人，也同意他对教育体系的批评——僵化、毫无创造性可言的苦差事。事实上，在罗素强调灌输一种对学习的崇敬

① Hibbert Journal，由希伯特公司 1902 年创办，在英、美发行，是关于宗教、神学和哲学的学术季刊，1968 年停办。——译者

② Guild Socialism，指主张不同形式的生产应以类似中世纪行会的形式来管理的社会主义，它主张应有地方行业和中央行会。——译者

精神时，他在他的《社会重建原则》中预言了他在两次世界大战期间对教育发展的诸多想法。同样，在本书第六章“婚姻与人口问题”中，他也预料到许多关于扩大妇女权利和制定更自由的离婚法的争论。这些想法，加上他在优生学方面的考虑，即“在走向衰落的种群内容，衰落中的正是最优秀的特质”，罗素都在《婚姻与道德》（*Marriage and Morals*）（1927）一书中进行了拓展。事实上，正是因为罗素在《社会重建原则》中对现存制度的攻击，哲学家J. H. 穆尔海德才把他比作威廉·戈德温[①]。

此书出版后不久以及出版多年后，罗素作为一位社会批评家和改革倡导者的名望在其崇拜者的眼中与《社会重建原则》一书有关。幻想破灭的士兵和和平主义者，特别是法国著名小说家、神秘主义者罗曼·罗兰，寄希望于罗素的领导，不仅因为他的反战政治行动，而且因为他在这本书中表达的思想。战地诗人阿瑟·格雷姆·韦斯特对罗素的钦佩之情更是跃然纸上。在他1917年6月牺牲于西线前的几个月，他读完了《社会重建原则》，并从靠近索姆河的战壕里写信给罗素：

> 唯有思及您这样的想法，在战争中幸存下来似乎才是

① 英国记者、哲学家、小说家，被认为是功利主义的最早阐释者之一和无政府主义的提出者之一。——译者

有价值的……在这本书问世之前，我们担心的是在英国找不到一个能和我们一起建设的人。那么，请记住，指望我们去做的事是战争时期我们已经做完的两倍；而正是在读了您的大作之后，我们的决心才变得比以往任何时候更加坚定；正是为了您，我们才希望活下去。[①]

理查德·A. 伦佩尔

麦克马斯特大学

① Bertrand Russell, *The Autobiography of Bertrand Russell, 1914 - 1942* (London, 1968), vol. 2, p. 76.

# 前　言

以下讲稿写于 1915 年，演讲则是在 1916 年年初进行的。我本想将大部分重写，以使它们不至于离题太远，但终因其他貌似更为迫切的突如其来的工作，从容不迫修订的可能性始终渺茫。

我意在提出一种政治哲学，它所基于的是“冲动比有意识的目标更能塑造人的生活”这样一种信条。绝大多数冲动可归为两类：占有型冲动和创造型冲动，分类的依据在于它们是否旨在获得或保留一些不能分享的东西，或者把一些有价值的而且不为私人所有的东西诸如知识、艺术或善意带到这个世界。我认为最好的生活大多基于创造型冲动，而最糟的生活大多源于对占有的热爱。政治制度对男人和女人的性格有很大的影响，因而应当利用占有欲来促进创造性。国家、战争、财产都是占有型冲动在政治上的主要表现；教育、婚姻、宗教则是创造型冲动的体现，尽管当下它们表现得还不够充分。解放创造力应成为政治和经济改革的原则。正是基于这样的信念，我写出了如下讲稿。

# 一、发展的原则

对于所有有能力产生新印象和新思想的人来说，战争使他们过去的信仰和希望发生了一些改变。在每一种情况下，这种改变都取决于性格和环境，但无论以哪种形式，这种改变几乎都是普遍的。于我而言，从战争中学到的最主要的东西是关于人类行为的源泉的某种看法，即这种源泉是什么，以及我们可以合法地希望它会变成什么。如果这种看法是成立的，那么它似乎就为政治哲学提供了一个基础，比起传统自由主义哲学的表现更能在危机时刻屹立不倒。以下的演讲——虽然只有一个是关于战争的——全都受到了战争所暗示的行为之源的启发。所有这些演讲都希望看到欧洲建立这样一些政治体制，使人们厌恶战争——我坚信这是一种可以实现的愿望，尽管我们的经济和社会生活难免不会被大幅度和根本性地重建。

对于一个置身于使战争显得必要的信仰和热情的循环之外的人来说，一种孤立，几乎无法忍受的被隔绝在一般活动之外，就变得不可避免了。就在这场世界性的灾难将同情心提升到顶峰的时刻，同情心本身迫使人们按捺住已然席卷欧洲的那种自我毁灭的冲动。将人们救出他们正在加速进入的废墟的这种无助渴望，使得有必要反对这股潮流，即使招致敌对情绪、被认为是冷漠无情、暂时失去赢得信仰的力量也在所不惜。阻止他人感受到敌对是不可能的，但可以通过想象性的理解和由此产生的同情，避免自己产生任何相应的敌意。若没有理解和同情，就不可能找到良方来打败那个正在折磨这个世界的恶魔。

对这场战争存在两种看法，两者在我看来都不充分。这个国家通常的看法是，这是由于德国人的邪恶；大多数和平主义者的看法是，这是由于外交纠纷和政府的野心。我认为这两种观点都没有意识到战争在多大程度上脱离了普通的人性。德国人——以及组成政府的人——总体上是普通人，受到了驱使着他人的同一种激情的驱使，除了处境，他们和世上其他人没有太大区别。战争被那些既不是德国人也不是外交官的人所接受，并且是有准备的，对不真实的和不充分的理由予以默许，但凡在其他国家或阶级中广泛存在任何对战争的深度反感，这种情况都是不可能发生的。人们相信的不真实的东西以及他们所不相信的真实的东西，皆是他们冲动的指标——不一定是每种情况下的个人冲动（因为信仰是具有感染力的），而是社会的一般冲动。我们所有人都相信许多我们没有充分理由相信的事情，因为在潜意识里，我们的本性渴望某些行为，这些信念如果是正确的，就会使这些行为变得合理。无根据的信念是冲动向理性表达的敬意；因此，与之相反但又相似的信念使这里和德国的人们都认为自己有责任发动战争。

接受这种观点的人自然会首先想到，如果人们更多地处于理性支配之下，那会很好。对于那些认为战争必定会对所有战斗人员造成难以形容的伤害的人来说，战争似乎只是一种疯狂之举，一种集体的精神错乱，和平时期人们所知道的一切都被遗忘了。如果冲动得到更多的控制，如果思想不那么受激情支配，那么人们将保护自己的思想免受战争狂热的侵袭，争端也会得到友好的调停。这是事实，但仅凭事实是不够的。在一些人身上，进行真正的思考的欲望本身就是一种激情，只有这些人才会发现这种欲望足以控制战争的激情。只有激情才能控制激情，只有相反的冲动或欲望才能抑制冲动。正如传统道德家所讲的那样，理性太消极，太不鲜活，无法创造美好的生活。不是单靠理性就能阻止战争，而是要通过一种积极的生活，它包含着与那些导致战争的力量相反的冲动和激情。所以，需要改变的是冲动的生活，而不仅仅是有意识思考的生活。

人类的所有活动都源于两个方面：冲动和欲望。欲望所起的作用一直得到充分的承认。当人们发现自己并不完全满足且无法立即获得会导致满足之事物时，想象力就将他们认为会使自己快乐的事物带到他们的脑海。所有的欲望都包含一个时间间隔，它存在于意识到一种需要和满足需要的机会之间。由欲望激发的行为本身可能是痛苦的，得到满足的时间可能很长，所期望的对象可能是我们自己生活之外甚至我们死后的东西。作为一种指导力量，意志主要包括对或多或少遥远的物体的欲望，尽管有这些行为引起的痛苦，有不相容但更直接的欲望和冲动的诱惑。所有这一切都是熟悉的，迄今为止，政治哲学几乎完全建立在欲望之上，并将其作为人类行动的源泉。

但是欲望只支配着人类活动的一部分，并且不是最重要的部分，而只是更自觉、更明确、更文明的部分。

在我们天性中更本能的部分，我们是被某些行动的冲动所支配，而不是被某些目的的欲望而支配。孩子们奔跑喊叫，不是因为他们期望实现的什么好处，而是出于一种想要奔跑喊叫的冲动。狗对月狂吠，不是因为它们认为这样做对它们有何好处，而是因为感到了一种吠的冲动。促使人们做出诸如吃、喝、做爱、争吵、吹嘘等举动的不是任何目的，而仅仅是一种冲动。那些相信人是理性动物的人会说，人们吹嘘是为了给别人留下好印象，但我们大多数人都能回想起自己吹嘘的时候，尽管知道我们应该因此而被鄙视。出于本能的行为通常会取得一些自然人可以接受的结果，但并非出于对这一结果的渴望而采取。它们是由直接冲动来执行的，即使在正常的预期结果无法遵循的情况下，这些冲动也往往很强。成年男性喜欢想象自己比孩子和狗更有理性，并不自觉地向自己隐瞒冲动在他们的生活中扮演了多么重要的角色。这种无意识的隐藏总是遵循一定的总体计划。当一种冲动没有沉溺于它产生的那一刻时，就会产生一种欲望，渴望沉溺于这种冲动的预期后果。如果某些可以合理预期的后果明显是令人不快的，那么预见和冲动之间就会产生冲突。此时，如果冲动弱，预见也许会占上风，这就是所谓的理性行动。如果冲动强，要么预见会被篡改，令人不快的后果将被遗忘；要么在有英雄主义情怀的人那里，后果可能会被鲁莽地接受。当麦克白意识到自己注定要战败时，他并没有退缩，而是高呼：

> 来吧，麦克杜夫，
> 谁要是先喊“够了，住手”，谁就去下地狱！[①]

但这种冲动的力量和鲁莽并不多见。大多数人在他们的冲动很强烈的时候，通常通过潜意识的选择性注意成功地说服自己，对冲动的放纵将产生可喜的后果。整个哲学、整个伦理价值体系都是以这种方式产生的：它们是一种屈从于冲动的思想的体现，旨在为冲动的放纵提供理性的基础。唯一真实的想法

---

① 摘自朱生豪译本。

是源于好奇心的智识冲动，导致了对了解和理解的渴望。但大多数被认为是思想的东西都是由非智识的冲动激发出来的，只是一种说服我们自己的方法，即如果我们放纵这种冲动，就不会失望，也不会造成伤害。[①]

当冲动受到抑制，我们会感得不适甚至强烈的痛苦。为免受这种痛苦，我们可能会放纵自己的冲动，于是我们的行动便是有目的的。但是痛苦仅仅是由于冲动而存在，并且冲动本身是指向一种行为，而不是为了摆脱抑制冲动的痛苦。冲动本身仍然没有目的，而逃避痛苦的目的只有在冲动被暂时压制时才会出现。

冲动是我们活动的基础，它远远超过欲望。欲望有自己的作用，但没有它看起来那么重要。冲动带来了一连串顺从的虚构的欲望：当人们的行为实际上没有外在动机时，冲动让人们感到他们渴望放纵冲动所带来的结果，并且他们是为了这些结果而行动的。一个人可能在相信自己渴望得到赞美的情况下写书或绘画；但一旦完成，如果他的创作冲动没有耗尽，他所做的便会令他不感兴趣，于是他开始一项新的工作。这一点适用于艺术创作，亦适用于我们生活中最重要的一切：直接的冲动是感动我们的东西，而我们认为自己拥有的欲望其实不过是冲

① 关于这个问题，试比较 Bernard Hart's“Psychology of Insanity” （Cambridge University Press，1914），Chap. V，especially pp. 62 - 65。

动的外衣。

的确，与冲动相反，欲望在人类生活的调节中所占份额很大，且越来越大。冲动是不稳定和混乱无序的，不容易融入一个井然有序的系统；它可能在儿童和艺术家当中被容忍，但它被认为不适合那些希望受到认真对待的人。几乎所有有酬劳的工作都是出于欲望而非冲动：工作本身多少有些令人厌烦，但报酬是人们需要的。填满一个人工作时间的严肃活动，主要是由目的而非对这些活动的冲动所支配，只有少数幸运者例外。在此，几乎无人看出弊端所在，因为冲动在令人满意的存在中所处的地位没被认识到。

冲动，对于一个不参与实施或不一起想象它的人来说，似乎总是疯狂的。所有的冲动本质上都是盲目的，因为从某种意义上讲它并非源于对后果的任何预见。不共享冲动的人将对后果是什么以及那些必然产生的后果是不是想要的形成不同的估计。这种意见分歧似乎是道德上的或智识上的，而其真正的基础是冲动上的差异。在这种情况下，只要冲动的差异继续存在，就不会达成真正的意见一致。在所有拥有充满活力的生活的人身上，都有一些在别人看来可能完全不合理的强烈冲动。盲目的冲动有时会导致破坏甚至死亡，但有时会给世界带来最好的事物。盲目的冲动是战争的根源，但也催发了科学、艺术和爱情之花。我们并不是要削弱冲动，而是想引导它朝向生命和成长而非朝向死亡和腐朽。

意志力对冲动的完全控制——有时是由道德家鼓吹的，有时是受经济需要所迫——其实并不可取。生活如果由目的和欲望支配，排除了冲动，生活将是很累人的；这样的生活将耗尽生命力，最终让一个人对自己一直试图达到的目的无动于衷。当一个国家以这种方式存在时，整个国家往往变得软弱，没有足够的把握来认识和克服其欲望的阻碍。工业主义和组织主义不断迫使文明国家越来越有目的地生存，而不是冲动行事。从长远来看，这样一种存在方式只要不令生命之泉枯竭，就会制造新的冲动，但不是那种意志已经习惯于控制或者那种有意识地思考的冲动。这些新的冲动往往比那些已经检查过的冲动更糟。过度的纪律，尤其当它是从无到有时，常常导致残酷和毁灭的冲动；这就是军国主义对国民性产生不良影响的原因之一。如果自发的冲动无法找到出路，则几乎总是会导致死气沉沉或者各种压抑的反对生活的冲动。一个人的冲动从一开始就不是由他的本性而定的：在一定范围内，会因他的处境和生活方式而深刻变化。应当对这些变化的性质进行研究，并应在判断政治机构和社会机构是在行善还是作恶时考虑到这种研究的结果。

战争的发展，主要源于冲动，而不是理智或欲望。既有侵略的冲动，也有反侵略的冲动。有时，两者中的任意一个可能都符合理性，但在很多情况下都与理性相悖。每一次冲动都会有伴随而来的信念的大丰收。适用于攻击性冲动的信念，可以在贝恩哈迪[1]或早期的伊斯兰世界征服者身上看到，在《约书亚书》中更是得到了完美地展现。首先是有一种信念，坚信自己的集体有卓越的品质，坚信他们在某种意义上是被选中的人。这就证明了这样一种感觉，即只有自己集体的善与恶才是真正重要的，而世界上的其他集体只应被视为更高等的种族的战利品或拯救之物。现代政治中，这种态度体现在帝国主义身上。整个欧洲对亚非、许多德国人对欧洲其他地方都是这样的态度。

与攻击性冲动相关的是抵抗攻击的冲动。其例证就是以色列人对非利士人[2]或中世纪欧洲对伊斯兰世界的态度。它所产生的信念，是相信那些做出令人恐惧的攻击行为的人具有非同常人的邪恶，并且相信民族习俗所具有的巨大价值，而他们取胜后可能会对这些予以压制。当战争爆发，英法的所有反动派开始谈论对民主造成的危害，尽管直到那时他们仍全力反对民主。反动派们这样说并非没有诚意：反抗德国的冲动令他们珍视德国的进攻所危及的一切。他们爱民主是因为他们恨德国；但他们认为他们恨德国是因为他们爱民主。

侵略和反侵略的相关冲动，在所有参战国家都是有效的。那些没有被这两种冲动之一支配的人大致可以分为三类。第一

---

① Bernhardi，德国将军，鼓吹撕毁协议，采取侵略型政策，认为战争是神圣的事业。——译者

②《圣经》中将他们描述成犹太王国最危险的敌人。——译者

类人，有些人的民族情感与他们所处的国家是对立的。这班人包括一些爱尔兰人、波兰人、芬兰人、犹太人和其他受压迫国家的人民。在我们的角度看，这些人或可排除在我们的考量之外，因为他们与那些参战的人具有同样的冲动天性，只是外部环境有所不同。

第二类人，并没有成为支持战争的力量的一部分，他们的冲动天性或多或少地衰退了。反对和平主义的人认为所有的和平主义者都属于这类人，除非他们是德国人。人们认为，和平主义者是没有血性、没有激情的人，即便在自己的兄弟为国捐躯时亦可冷眼旁观、理性推理。在那些仅仅是消极的和平主义者且不过是不主动投入战争的人当中，也许有一定比例的人是正确的。我认为战争的支持者在谴责这种人时是正确的。尽管导致战争的冲动造成了种种破坏，但一个有这些冲动的国家比一个所有冲动都已消亡的国家拥有更多的希望。冲动是生命的表达，只要冲动存在，就仍有希望将其转向生存而不是死亡；而缺乏冲动就如一潭死水，繁衍不出新的生命。

然而，积极的和平主义者并不属于这一类：他们并非没有冲动的力量，而是对战争怀有敌意的冲动大到了足以克制引发战争的冲动的地步。把自己投入到与国家生活背道而驰的整个运动中去，去敦促一个表面上毫无希望的事业，去招致公开的羞辱，去抵制集体情绪的传播，这些并非一个没有激情之人的举动。避免公众舆论敌意的冲动是人性中最强烈的冲动之一，只有通过一种非常规的、直接的、不可算计的冲动才能克服；能促成这种行为的并非只有冰冷的理性。

冲动亦可分为创造生命的冲动和造成死亡的冲动。战争中体现出的冲动就包括造成死亡的冲动。任何一种创造生命的冲动，如果足够强大，都会使人挺身而出反对战争。其中有些冲动只在高度文明之人身上才会强烈，有些则是普通人性的一部分。对艺术创作和科学发现的冲动是那些创造生命的更文明的冲动之一。许多艺术家丝毫不受战争狂热的影响，并不是因为感情脆弱，而是因为他们的创造性本能，对愿景的追求，使他们对民族激情的侵略之举持批判态度，不去响应好战的冲动在其中披着伪装的神话。少数受科学冲动支配的人注意到了其他交战集团的与之匹敌的神话，并通过理解而被引向中立。但是，并非只有这样经过改进的冲动才能产生一种足以改变世界的民间力量。

生活中有三种力量不需要特殊的精神禀赋，这在现今并不少见，在更好的社会制度下可能会非常普遍。这三种力量是：爱、建设性的本能和生活的乐趣。当前，这三种力量都受到人们生活条件的制约和削弱——不仅表面上不那么幸运的人如此，大多数富裕之人也是如此。我们的制度建立在不公和权威之上：只有关闭我们的心灵不去同情，关闭我们的思想拒绝真理，我们才能忍受我们赖以获利的压迫和不公。传统的成功观使得大多数人过着湮灭了他们最重要的冲动的生活，而生活的乐趣也消失在无精打采的疲倦中。我们的经济制度迫使几乎所有的人去实现别人的而非自己的目标，这让他们感到行动无力，只能获得一点点消极的愉悦。所有这些都破坏了社会的活力、个人的博大情感和慷慨看待世界的能力。所有这些都不是必要的，都可以用智慧和勇气来结束。一旦结束，人们带有冲动的生活将会截然不同，人类可能会迈向一种新的幸福、一种新的活力。鞭策这种希望正是这些演讲的目的。

男人与女人的冲动、欲望——只要在他们的生活中是真正重要的——就不是彼此分离的，而是从成长的一个中心原则出发，有一种本能的紧迫感引导它们朝着某个方向前进，就像树木寻求光一样。只要这种本能运动没被挫败，无论可能发生何种不幸，都不是根本性的灾难，也不会产生因自然生长受到干扰而导致的扭曲。如果我们想直观地理解人，那么每个人身上的私密中心就是想象力必须理解的。它因人而异，决定了每个人所能达到的卓越类型。社会制度最大限度能为一个人做到的就是使其成长自由且充满活力：这些制度不能强迫他按照其他人的模式成长。人身上也有一些冲动和欲望——比如对毒品的——不是从中心原则长出来的；这样的冲动，当它们变大到有害时，就必须通过自律来加以检视。其他冲动，尽管可能会在个人的中心原则之外成长，也可能对他人的成长有害，因而需要为了他人的利益而加以遏制。但总的来说，对他人有害的冲动往往是成长受挫所致，伤害他人的冲动在那些本能发展不受阻碍的人身上往往最少。

像树木一样，人的成长也需要合适的土壤和充分的不受压迫的自由。政治制度能有助于也能阻碍人的成长。但是，人成长所需的土壤和自由要比树木所需的土壤和自由更难发现、获得；而我们所期望的全面发展是无法定义或证明的，它微妙而复杂，只能靠敏锐的直觉去感受，靠想象力和尊重去模糊地理解。这不仅或主要取决于物质环境，也取决于信念和情感、行动的机会乃至整个社群的生活。这种人越是充分发展和文明，他成长的那些条件就越复杂，它们对他所生活的社会总体状况的依赖性就越高。一个人的需求和欲望并不局限于他自己的生活。如果他的思想全面、想象力丰富，那么他所处社群的失败就是他的失败，而它的成功亦是他的成功：据此，他的社群的成败，决定了他自己的成长是受惠还是受阻。

在现代世界，大多数男女的成长受到了从较简单的时代继承下来的制度的阻碍。随着思想的发展和知识的进步，以及对物质世界的掌控能力的增强，成长有了新的可能，也形成了新的要求，如果那些提出要求的人没有受挫，就必须予以满足。对限制的默许更少了，限制已不再不可避免，而只要这些限制仍然存在，过上好日子的可能性就会更小。那些给予某些阶级比其他阶级更多机会的制度，不再被不那么幸运的人认为是公正的，尽管比较幸运的人仍然极力捍卫它们。因此，一场普遍的冲突出现了，传统和权威被并置为反对自由和正义者。我们所宣称的道德，作为传统，失去了对那些反叛者的控制。旧制度的捍卫者与新制度的拥护者之间的合作几乎是不可能的。一种关系密切的各行其是不断增加，并已经以此方式进入了几乎所有的生活关系。在争取自由的战斗中，男人女人们越来越无法冲破自我的樊篱并实现真正的、至关重要的联合所带来的成长。

我们所有的制度都有其权威的历史基础。东方暴君无可置疑的权威在万能的造物主身上找到了宗教的表达，他的荣耀是人类的唯一目的，而人类无权与他对抗。这种权威传给了皇帝和教皇、中世纪的国王以及封建等级制度中的贵族，甚至传给了每个要面对妻子的丈夫、每个要跟孩子打交道的父亲。教会是神的权威的直接体现，国家和法律由国王的权威构成，土地上的私有财产是由征服男爵们的权威发展而来的，家庭则受父系权威统治。

中世纪的制度只允许少数幸运的人自由发展：绝大多数人的存在是为少数人服务的。但是，只要权威真正受到尊重和承认，哪怕是被最不幸的臣民尊重和承认，中世纪社会仍然是有机的，而且对生活没有根本上的敌意，因为外在的服从和内心的自由是相容的，因为它是自愿的。西方基督教世界的制度体现了一种真的被人们相信的理论，而现在没有能为我们当前制度辩护的理论让我们去相信。

中世纪的生活理论因未能满足人们对正义和自由的要求而

崩解。在压迫手段的重压之下，当统治者超越了他们理论上的权力时，受压迫者不由地意识到他们自己也有权利，不必仅仅为了增加少数人的荣耀而活着。渐渐地人们发现，人一旦有了权力就很可能滥用，而这种权力实际上意味着暴政。由于对正义的要求遭到了掌权者的抵制，人们变成日益分散的一个个单元，每个都在为自己的权利而战，而不是被有机的共同目标捆绑在一起的一个真正的共同体。缺乏共同的目标已经变成了不幸福的一个根源。而导致许多人欢迎当前战争的爆发的原因之一，在于它使得每个国家再次成为一个有着单一目标的整体。眼下，战争通过破坏在作为一个整体的文明世界中一个单一目标所带来的开端做到了这一点；但这些开端还很孱弱，几乎没有受到其破坏的影响。与同胞团结在一起的新感觉，要比想到与敌人的距离越来越远更让人们高兴。

在争取自由的过程中，个体的加固与分散是不可避免的，而且永远不可能彻底恢复原状。如果一个有机的社会要想发展，我们的各项制度就必须从根本上改变，以体现现代情感所要求的对个人及其权利的新的尊重。中世纪的帝国和教会将个体扫地出门。异教徒——但他们被无情地屠杀——没有任何因后来的迫害而引起的顾虑。他们与迫害他们的人一样，被说服应该有一个普世的宗教：他们的不同之处只在于这个宗教的教义应该是怎样的。在少数艺术和文学界人士中，文艺复兴破坏了中世纪理论，然而，除了怀疑论和混乱之外，没有任何东西取代它。这一中世纪理论的第一次重大突破是由于路德主张个人的判断权并断言主教会议[①]的不可靠性。随着时间的推移，从这种主张中不可避免地产生了这样的信念：一个人的宗教信仰不能由权威为他决定，而必须由每个人自由选择。正是在宗教问题上，争取自由的斗争开始了，也正是在宗教问题上，它取得了一场近乎彻底的胜利。[②]

从极端个人主义发展到冲突，并随之——人们希望——发展到一个新的重新融合，这种发展几乎在生活的每个部门都可以看到。主张是以正义的名义提出的，是以传统和因袭权利[③]的名义抵制的。每一方都真诚地认为它应该获得胜利，因为两种社会理论并存于我们的思想中，而人们总在不知不觉中选择了适合自己情况的理论。因为这场斗争漫长而艰辛，所有的一般理论都渐渐被遗忘；最终，只剩下自我主张，当被压迫者赢得自由时，他们会成为他们之前主人那样的压迫者。

这一点在所谓的民族主义中最为明显。从理论上讲，民族主义是一种学说，即人们根据自己的同情和传统，形成各种称为“民族”的自然群体，每个民族都应在一个中央政府的领导下团结起来。大体上，这一学说可以被大家接受，但在实践

① General Councils，掌握着教会的最高权威，这种主教会议至上论称为Conciliarism。——译者

② 根据《兵役法》(No. 2)［1916年增加的注释］，以基督教教义原因拒服兵役者可判处10年苦役。这部分写于此事之前。

③ prescriptive right，又称继承性权利，柏克提出。——译者

中，这一学说采取了更为个人化的形式。受压迫的民族主义者争辩道："从同情和传统上说，我属于A民族；但我处于B民族政府的统治下。这是不公正的，不仅因为民族主义的一般原则，而且因为A民族更慷慨、进步、文明，而B民族是压迫、倒退、野蛮的。正因如此，A民族理应繁荣昌盛，而B民族理应被贬抑。"B民族的居民自然对抽象正义的主张充耳不闻，因为他们带有个人的敌意和蔑视。然而，如今在战争中，A民族获得了自由。取得自由的能量和自豪感产生一种势头，它几乎毫无疑问会导致企图征服外国或拒绝给予某个小民族自由。"什么？你说作为我们国家一部分的C民族有权反对我们，就像当年我们有权反对A民族一样？这太荒谬了！C民族鄙俗而动荡，不可能有一个好的政府，如果它不想对其所有邻邦构成威胁和干扰，就需要强有力的统治。"英国人在谈到爱尔兰人时就一向这么说，德国人和俄国人谈到波兰人时，加利西亚波兰人谈到鲁塞尼亚人（Ruthenes）时，奥地利人谈到马扎尔人时，马扎尔人谈到塞尔维亚人的南斯拉夫同情者时，塞尔维亚人谈到马其顿保加利亚人时，也一向这么说。这样，理论上无可非议的民族主义通过一种自然运动走向了压迫以及征服的战争。15世纪，法国人刚摆脱英国人不久，就开始出征意大利；西班牙刚从摩尔人手中获得自由，就为了欧洲的霸权投入了与法国之间长达一个多世纪的冲突。德国的例子在这方面非常有趣。18世纪初，德国的文化中都是法国的身影：法语是宫廷语言，是莱布尼茨的哲学著作所用的语言，也是礼貌的书信往来和知识学习的通用语言。民族意识几乎不存在。后来，一系列伟人以其诗歌、音乐、哲学、科学领域的成就在德国创造了一种自尊。但在政治上，德国的民族主义仅仅是拿破仑的压迫和1813年起义造成的。几个世纪以来，打破欧洲和平的每一次动乱都是从法国、瑞典、俄国入侵德国开始的，之后德国人发现，通过足够的努力和团结，他们可以使外国军队远离他们的领土。但是，所需的努力实在太大了，以致在拿破仑的失败已经使纯粹的防御目的实现时已然停不下来。一百年后的今天，他们仍然从事着同样的运动，这已经成了一种侵略和征服。我们还难以猜测现在是否看到了这场运动的终结。

如果人们有强烈的民族共同体意识，民族主义将有助于界定不同民族的边界。但是，因为人们只在自己的民族内感受到共同体的存在，所以除了武力，什么也不能使他们尊重别的民族的权利，即使后者正代表自己主张完全相似的权利。

随着时间的推移，在工业体系发展以来就存在的资本与劳动之间的冲突中，在尚处于初级阶段男女之间的冲突中，都可以预计到类似的发展。

在这些不同的冲突中，我们需要的是某种原则，真心实意地相信它将有公正的结果。彼此自我主张的相持不下，只能通过偶然的武力相当来实现正义。企图以权威为基础的制度得到任何支持都是没有用的，因为所有这样的制度都包含不公正，一旦不公正切实发生，就不能在不给它的拥护者和反抗者造成根本伤害的情况下使之永久化。这种伤害在于自我（ego）之墙的加固，使它们成为一座监狱而不是一扇窗。个人的不受阻碍的成长有赖于与他人的多多接触，它必须是自由合作的性质，而非被迫效力于人。虽然对权威的信任还在，自由合作与不平等及服从是相容的，但现在平等和彼此的自由是必要的。所有的制度——如果它们不妨碍个人的发展——必须尽可能基于自愿结合，而不是基于法律的强制或大权在握者的传统权威。若没有重大而根本的变革，我们的任何制度都不能在这一原则应用时生存下来；但是，如果这个世界不想被解体成一个个强硬而分散的单元，每一个都在与其他所有单元开战，这些变革就是势在必行的。

个人之间良好关系的两个主要来源是：本能的喜欢和共同的目标。在这两者中，一个共同的目标在政治上似乎更为重要，但事实上，它往往是本能的喜欢或共同的本能厌恶的结果而非原因。生物群体小到家庭大到国家，都或多或少由本能的喜欢构成，并在此基础上建立起共同的目标。

本能的喜欢是一种感觉，它使我们在有人陪伴时感到快乐，在此人面前感到兴奋，希望与之交谈、共事、玩耍。它的极端形式是恋爱，但它较微弱的形式（甚至最微弱的形式）具有政治重要性。一个天生不受欢迎之人的出现，往往会使其他人更受欢迎。当犹太人在场，反犹分子会爱一切基督徒同胞。

在中国或非洲的荒野，任何一个白人都会受到笑脸相迎。共同的厌恶感是产生温和的本能喜欢的最常见原因之一。

人们在本能喜欢的频率和强度上大有不同，同一个人在不同的时间也会有很大不同。在这方面，人们或可把托马斯·卡莱尔和沃尔特·惠特曼看作截然相反的例子。对卡莱尔而言——至少在他的晚年——大多数男女都是令人厌恶的；他们激起了一种本能的厌恶，使他乐于想象他们在断头台或战场上死去。这使他轻视大多数人，只对那些对人类生活造成极大毁灭之人感到满意——如腓特烈大帝、弗朗西亚博士和埃尔总督[①]。这使他热爱战争和暴力，鄙视弱者和受压迫者——例如，他从未厌倦向“3 万痛苦不堪的裁缝女工”宣泄他的轻蔑。晚年，他的道德观和政治思想的灵感不断通过对几乎全人类的反感得来。

沃尔特·惠特曼则恰恰相反，他对绝大多数男女都有一种温暖而博大的感情。那些异乎寻常的排比和列举（catalogues）在他看来似乎很有趣，因为每一样东西都给他带来快乐。大多数人只有在美丽超群或杰出不凡的人身上才感受到的那种快乐，惠特曼却几乎能在每个人身上感受到。从这种普遍的喜欢中生出了乐观主义、对民主的信仰以及一种信念，认为人们很

---

① 即牙买加总督爱德华·埃尔，1865 年 10 月，在英帝国殖民地牙买加爆发了殖民当局屠杀当地黑人的骇人事件，即“莫兰湾惨案”。其后，围绕是否要审判该事件的主要责任人埃尔总督，英国朝野上下争论数年。——译者

容易和平友好地生活在一起。与卡莱尔一样，他的哲学和政治观也建立在他对普通男女的本能的态度上。

并没有客观的理由可以证明这些态度中的哪个在本质上比另一个要理性。如果一个人觉得其他人讨厌，没有任何论据能证明人们不讨厌。但若他像沃尔特·惠特曼而不是卡莱尔，那么他自己的以及其他人的愿望都更有可能得到满足。沃尔特·惠特曼的世界比卡莱尔的世界更快乐，更能实现它的目标。因此，如果可以的话，我们应该渴望增加世界上的本能喜欢，减少本能的厌恶。这也许是用来评判政治制度的所有影响之中最重要的一个。

个人之间良好关系的另一来源是共同的目标，尤其是在不知道其原因就无法实现目标的地方。经济组织，如工会、政党，几乎完全是由一个共同的目标构成的；可能与它们相关的任何本能的喜欢都是共同目标的结果而非原因。像铁路公司这样的经济组织是为了某种目的而存在的，但这种目的实际上只需管理层的人知道：普通工人除了挣工资，别无他求。这是经济组织中的一个缺陷，应加以纠正。工团主义的目标之一就是纠正这种缺陷。

婚姻是（或者应该是）基于本能的喜欢，但一旦有了孩子，或者有了想要孩子的想法，它就获得了来自一个共同目标的额外力量。正是这一点，使它区别于不打算要孩子的那种不合常规的关系。事实上，在本能的喜欢消退后，共同目标会继续存在并维持着牢固的关系。

当一个民族是真实的而非人为虚构之物时，它是建立在对同胞微弱的本能喜欢和对外国人共同的本能厌恶之上的。当一个英国人从欧洲大陆回到多佛或福克斯通时，他会以熟悉的方式感受到一些友好的东西：漫不经心的搬运工、叫卖的报童、端上劣质茶的女人，这一切都温暖着他的心，似乎比那些有着奇怪的行为习惯的外国人更“自然”，也更像是人类该有的样子。他愿意相信所有英国人的灵魂都很善良，而许多外国人充满了设计好的邪恶。正是这种感觉使得把一个民族组织成一个有政府管理的单元变得容易。当这一切发生时，就增加了一个共同的目标，就像婚姻中一样。外国人想侵略并践踏我们的国家，想在战争中消灭我们，想贬低我们的骄傲。与我们合作预防这场灾难的人是我们的朋友，他们的合作加深了我们的本能好感。但是，共同的目标并不构成我们热爱自己国家的全部由来：即使是缔结已久的同盟国，也不会像我们的同胞那样唤起同样的感情。本能的喜欢，主要来自相似的习惯和习俗，是爱国主义的一个基本要素，并且事实上是整个感觉赖以存在的基础。

如果人的自然成长要受到促进并且不受环境的阻碍，如果他们的欲望和需要要尽可能地得到满足，政治制度就必须尽可能地体现共同的目标，培养本能的喜欢。这两者息息相关，因为没有什么比受挫的目标和未满足的需要更能破坏本能的喜欢，也没有什么比本能的喜欢更能促进为共同目标而开展的合作。当一个人的成长畅通无阻时，他的自尊心就会完好无损，那他也不会将别人视为敌人。但不管出于什么原因，一旦他的成长受阻，或者被迫成长为某种扭曲和反常之人时，他的本能会将环境当作敌人，他会变得充满仇恨。生活的欢乐离他而去，恶毒将取代友好。驼背和跛子的恶行是众所周知的；同样的恶行也存在于那些以不太明显的方式跛了的人身上。真正的自由，如果能够实现，将在很大程度上摧毁仇恨。

有一种并不罕见的信念认为，我们的本能是无法改变的，只能简单地接受和充分利用。绝非如此。毫无疑问，我们都有一定的本色，它因人而异，是与外部环境共同作用而产生的。但即使是我们性格中天生的部分也很有可塑性。它可以因信仰、物质条件、社会环境和制度而变化。荷兰人可能和德国人有着非常相似的性格，但前者因为没有军国主义和大国的骄傲，成年后会大异于后者。很明显，独身者的本能与其他男女的本能截然不同。几乎任何一种本能都可以根据它所发现的出口的性质而有多种形式。引出艺术或智识创造力的本能，在其他情况下也可能导致对战争的狂热。因此，对于一种活动或信仰是本能的结果这一事实，也并没有理由认为它是不可改变的。

这适用于人的好恶本能，也适用于其他本能。对于人类——对其他动物也是如此——来说，喜欢他们同类中的一些而不喜欢另一些是很自然的；但喜欢和不喜欢的比例取决于环境，且通常是非常琐碎的情况。卡莱尔的厌世症大部分归因于他的消化不良，或许一个合适的医疗方案会让他对世界有完全不同的看法。惩罚，作为一种处理社会希望阻止的冲动的手段，其缺陷在于对于阻止冲动的存在它什么也没做，而只是试图通过诉诸自身利益来遏制对冲动的放纵。这种方法——既然并不能根除冲动——也许只会驱使它们找到其他生路，即使在其直接目标上是成功的；而如果冲动很强烈，单纯的利己主义也不可能有效地抑制它们，因为它并不是一个非常强大的动机，除非有异常理智、相当没有激情的人。这被认为是一个比它更强大的动机，因为我们的情绪使我们欺骗自身乃至我们的利益，并使我们相信这与欲望或冲动促使我们采取的行动是一致的。

所以，人性难移这一常识并不正确。我们都知道，我们自己以及我们熟识之人的性格都深受环境的影响；个人如此，民族也是如此。一般人类本性的变化的根本原因通常不是纯粹的物质变化（例如气候的变化），就是人类对物质世界控制程度的变化。我们可以忽略纯粹的物质变化，因为这些变化与政治家并无太大关系。但是，人类通过发明和科学对物质世界的日益控制而产生的变化具有深远的现实意义。通过工业革命，它们从根本上改变了人们的日常生活；通过大型经济组织的建立，它们变革了整个社会结构。人类的普遍信仰，主要是本能和环境的产物，已然与18世纪的信仰大不相同。但我们的制度既不适合我们新环境所开发出的本能，也不适合我们真正的信仰。制度有自己的生命，并且往往比使它们成为本能的合适外衣的环境持续得更久。这在不同程度上适用于我们从过去继承下来的几乎所有机构：国家、私有财产、父权制家庭、教会、陆军与海军。所有这些都在某种程度上变成了压迫者，并对生活充满了敌意。

在进行政治重建的任何认真的尝试中，都有必要认识到普通男女的根本需求。在政治思想中，人们习惯于假定政治所关心的唯一需求是经济需求。这种观点不足以解释像目前的战争这样的事，因为任何可能赋予它的经济动机在很大程度上都是虚构的，其真正原因必须在经济领域以外寻求。无需刻意的努力通常便能得到满足的那些需要仍未得到承认，这就导致了一个有关人类需求的太过简单的工作原理。许多以前不费吹灰之力就能满足的需要，现在在大多数男女中仍然得不到满足，这主要是因为工业主义。但是，过去过于简单的人类需求理论仍然存在，这使得人们忽视了缺乏满足感的新根源，并就为什么不满足编造出了错误理论。在我看来，作为一种灵丹妙药的社会主义在这方面似乎是错误的，因为它太急于假设更好的经济条件本身能使人幸福。人所需的不仅仅是更多物质财富，还有更多自由、更多自我引导、更多创造力的出口、更多享受生活乐趣的机会以及更多出于自愿的合作，同时少一些并非出于自己目的的不情愿的服从。如果我们对自然的了解和控制力不断增加，能结出使我们生活美满的丰硕果实，那么未来的制度必须为创造出所有这些东西提供帮助。

# 二、国家

在社会主义的影响下，近年来大多数自由主义思想倾向于增加国家的权力，但或多或少都坚决反对私有财产权。另一方面，工团主义对国家和私有财产都怀有敌意。在这方面，我认为工团主义比社会主义更接近正确，私人财产和国家是现代世界两个最强大的制度，都因势力太大而对生活有害，都正在加速丧失活力，正是这种活力日益折磨着文明世界。这两种制度关系密切，但在此我只想讨论国家。我将试着展示它的力量中大部分有多大、多不必要、多有害，以及在不丧失其活动的有用性的情况下可能会被如何极大地削弱。但我也得承认，在某些方面它的职能不仅不应被限制，还应加以扩大。

国家的某些职能，比如邮政和初等教育，可以由私人机构履行，而且只能在出于便利的考虑时由国家承担。但是其他方面，比如法律、警察、陆军、海军等，本质上更多是属于国家的：只要有国家在，就很难想象这些事务由私人掌握。社会主义和个人主义之间的区别在国家的非必要职能上，这是社会主义者想要扩大而个人主义者希望限制的。我想批评的正是个人主义者和社会主义者之流都承认的必要职能，因为其他职能在我看来并不令人反感。

国家的本质在于它是公民集体力量的宝库。公民的力量有对内、对外两种形式。对内的指法律和警察；对外的指发动战争的力量，具体体现在陆军和海军上。国家是由生活在一定区域内的全体居民依照政府的命令使用统一的武力组成的。在一个文明的国度，只有根据事先制定的构成刑法的规则，才能对本国公民使用武力。但是，对外国人使用武力不受任何规则的约束，而是根据一些真实的或想象中的国家利益进行，少数例外除外。

毫无疑问，依法使用武力要比随心所欲地使用武力的危害性小。如果国际法能充分维系人们的忠诚从而规范国家关系，那么我们的现状将会有极大的改善。先于法律存在的原始无政府状态比法律还糟。但我相信，某种程度上可能会出现一个超越法律的阶段，在此，法律现在保障的优势仍得到保障，却又不丧失自由，没有使法律和警察不可避免的那些不利条件。也许背后的一些武力储备仍是必要的，但真正使用武力的情况可能非常罕见，并且需要动用的武力的程度也非常小。先于法律存在的无政府状态只给予强者自由，而我们想达到的状态是尽可能给每个人自由。要实现这个目标，并不是完全阻止有组织的武力的存在，而是尽最大可能限制使用武力的机会。

国家的权力在内部受到限制只因国家害怕叛乱，在外部受到限制只因国家害怕战败。它承受着这些限制，这是绝对的。在实践中，国家可以通过征税来占有人们的财产，可以决定婚姻法和继承法，惩罚对它不喜欢的观点的表达，处死那些希望自己的居住地属于别的国家的人，还可以命令所有身体健全的男性冒着生命危险参加战斗，只要它认为战争是可取的。在许多事务上，不同意国家的目标和意见就是犯罪。战前，也许世界上最自由的国家就是美国和英国；然而在美国，移民在声称不相信无政府主义和一夫多妻制之前是不可以踏入美国领土的；而在英国，近年来人们因为对基督教表示异议[①]或同意基督的教导而被送进监狱。[②] 战时，所有批评国家对外政策的行为都是犯罪。某些目标似乎对于大多数人或者握有实权的人来说是可取的，而那些不认为这些目标可取的则会遭受痛苦和惩罚，这与过去异教徒所遭受的并无不同。暴政的实施程度被暴政获得的成功所掩盖：没有几个人认为遭受这样一种几乎可以肯定是彻底而有效的迫害是值得的。

---

① 对渎神之言行的诉讼。

② 对工团主义者的诉讼。（现在必须增加对听从良心拒服兵役者的惩罚，1916）。

普遍兵役制也许是国家权力的极端例子，也是它对本国公民和外国公民态度不同的极好说明。对于杀害同胞和拒绝杀害外国人的人，国家同样严惩不贷。总体来说，后者被认为更加罪大恶极。战争现象颇为常见，人们意识不到它的奇怪之处；对于那些站在引发战争的本能循环中的人来说，这一切似乎都是自然合理的。但那些站在这种本能循环之外看不出它的奇怪的人，则会随着对战争的熟悉而成长。绝大部分人应该容忍一种体制，即当政府命令他们上战场时他们就要随时准备去忍受所有的恐怖，这简直太令人吃惊了。一个对政治毫不关心、只专注于绘画的法国艺术家，突然发现自己被要求去向德国人开枪，而他的朋友向他保证，德国人是人中败类。一个同样毫不知情的德国音乐家也被要求去杀死背信弃义的法国人。为什么这两个人不能宣布互相保持中立呢？为什么不把战争留给那些热衷于战争并发动了战争的人解决呢？然而，一旦这两个人宣布中立，他们就会被各自的同胞杀死。为了避免这样的命运，他们只能试着对彼此开枪。如果死的是艺术家而非音乐家，德国人会喜出望外；如果死的是音乐家而非艺术家，法国人会欣喜若狂。没人会想到无论他们俩谁死去，都是人类文明的损失。

这就是疯人院[①]政治。如果允许这位艺术家和那位音乐家

① 此处“疯人院”一词用的是 Bedlam，这是伦敦首家精神病院之名，1247 年初建时为女修道院，1377 年开始接收精神病人，1547 年改为疯人院，是皇室的慈善机构。17 世纪时花钱去那里观看病人成为上层阶级的消遣。——译者

远离战争，对全人类来说将是有百利而无一害的。使这一切变为不可能的国家权力就是个彻头彻尾邪恶的东西，与早年间处死非正统思想之人的教会权力是一样的。然而，即使在和平时期，如果建立一个同样数量的法国人和德国人组成的国际联盟，其所有人都保证不参战，那么法德两国会以同样的残暴来迫害这个联盟。盲从、无限的杀戮和赴死的意愿，是一个民主国家对现代公民的要求，这与中世纪苏丹对其土耳其近卫军、东方暴君对其密探的要求是一样的。①

国家的权力可以靠公共舆论而非法律来支撑，这在英国是常有的事。通过演说和新闻界的影响，舆论在很大程度上是由国家创造的，专制的舆论与专制的法律一样是自由的大敌。如果一个不与人争斗的男人发现自己遭到了解雇，在大街上受到了侮辱，被朋友冷落，被任何一个以前喜欢他的女人轻蔑地甩掉时，他会觉得这样的惩罚就像死刑一样不堪忍受。② 一个自

---

① "在一个民主国家，终究必须是大多数人统治，少数人有义务尽可能以优雅的姿态去服从。"（*Westminster Gazette* on Conscription，December 29，1915）。

② "周六，西米尔德塞克斯（West Middlesex）的副验尸官雷吉纳德·坎普先生在伊林（Ealing）对理查德·查尔斯·罗伯茨——载过谢泼德·布什的一位 34 岁的出租车司机——进行的一次审理中，就那些胆怯的女人的行为发表了一些措辞非常严厉的评论。谢泼德·布什被陆军拒之门外，并被一些妇女和业余招聘官奚落，因而心事重重，随后自杀了。

据说他 10 月想参军，但由于心脏问题被拒绝了。他的遗孀说，单是这一点就让他很沮丧，他一直担心，因为他认为自己的心脏问题会使其失去执照，同时他也为一个孩子得的危险病症感到烦恼。

一个当兵的亲戚说，死者的生活被女人们弄得一团糟，她们嘲笑他，称他是懦夫，因为没参成军，几天前，迈达谷（Maida Vale）的两个女人对他进（转下页）

由的社会不仅需要法律上的自由，还需要宽容的公共舆论，而且对我们邻居的事不至出于本能去调查，在崇高道德标准的幌子下，好人也会不知不觉地任由自己残忍并迫害他人。认为他人不好，这本身并不是认为我们自己不错的一个好理由。但是，只要不承认这一点，只要国家能够制造舆论——除了在舆论具有革命性的极少数情况下——就必须把舆论视为国家权力的明确组成部分。

国家在境外的权力主要来自战争或战争威胁。有些权力源于说服其公民借钱或不借钱的能力，但比起来自陆军和海军的权力微不足道。国家的外部活动，除了极为罕见、可以忽略不计的情况外，都是自私的。有时自私会因为需要留住别国的善意而收敛，但调整的只是采用的方法而非追求的目标。国家追求的目标，除了防御他国的攻击外，还有成功利用弱小或不文明的国家的机会，以及权力和威望，它们被认为比金钱更荣耀，但不如金钱那么充满物欲。为追求这些目标，没有哪个国家会在对无数外国人痛下杀手时犹豫不决，因为这些人的幸福，与剥削或臣服不相容，与摧毁领土并视此为打击恐怖分子

(接上页) 行了‘令人震惊’的侮辱。

那位验尸官以一种温暖的语气说，这样的女人的行为是可憎的。而可耻的是，那些对个人处境一无所知的妇女竟被允许去让那些试图尽自己职责的男人的生活变得不堪忍受。难道她们就没有更好的事可做吗！这个男人，也许是被一群傻女人逼死的。他希望很快能有某个结果去制止这些人的行为。”(*Daily News*, July 26, 1915)

的必要手段亦是格格不入。除了目前的战争，很多小国以及除奥地利之外的所有大国①在过去20年里都做出了这样的举动；而奥地利只是没有机会，并非不想。

为什么人们默许国家的权力？原因有很多，有些出于传统，有些是非常现实和紧迫的。

服从国家的传统原因在于个人要忠于君主。欧洲国家是在封建制度下成长起来的，最初是封建领主的几块领地。但是，这种服从的源头已经淡出历史舞台，现在可能只在日本起很小的作用，在俄国起更小的作用。

部落式情感，一直是忠于君主的基础，它一如既往地强烈，现在更是国家权力的主要支撑。几乎每个人都发现，感到自己是一个群体中的一员，被大家共有的友好和敌意所激励，团结起来进行防御和进攻，对于他自己的幸福是至关重要的。但这样的群体有两种：一种本质上是对家庭的扩充，另一种是基于有意识的共同目标而形成的。民族属于第一种，教会属于第二种。当人们深受宗教信仰左右时，民族分裂会走向瓦解，就像宗教改革之后的宗教战争那样。这时，一个共同的信条比一个共同的国籍更牢固。在较之略轻的程度上，同样的事随着社会主义的兴起也发生在现代世界。不相信私有财产的人，认

① 英国对南非，美国对菲律宾，法国对摩洛哥，意大利对的黎波里，德国对西南非，俄国对波斯和满洲，日本对满洲，都是如此。

为资本家是真正的敌人，他们之间有一种超越民族分歧的纽带。它还没有强大到足以抵挡当前战争所激起的热情，但它使这些人在社会主义者中的痛苦程度要比其他人轻，并使重建欧洲共同体的希望在这场战争结束之际依然存在。然而，总的来说，对信条的普遍不相信使得部落式情感获得了胜利，也使民族主义比历史上任何时期都要强烈。少数真诚的基督徒以及少数真诚的社会主义者在他们的信条中找到了一种能够抵抗民族狂热侵袭的力量，但他们人数太少，无法影响事件的进程，甚至无法令政府感到严重焦虑。

一个民族国家，它的团结主要来自部落式情感，但它的力量并非只来自部落式情感。它的力量主要源于两种担忧：对内是犯罪和无政府主义，对外是侵略；但两种都是不合理的。

文明社会内部的井然有序是一项伟大的成就，主要是因为国家权威的不断增加。如果不惹是生非的公民随时面临被抢劫、谋杀的危险，那将十分麻烦。如果胆大包天的人能为了劫掠而组织自己的军队，文明生活几乎将不复存在。这种状况中世纪时就有，没有激烈抗争它是不会消除的。许多人，尤其是那些从现有的法律和秩序中获利极大的富人，认为国家权力的任何缩减都可能会重蹈普遍无政府状态的覆辙。他们视罢工为国家解体的前兆。他们对诸如法国总工会和“世界国际劳工”之类的组织感到惴惴不安。他们记得法国大革命的教训，而且有一种并没有什么不自然的想保住自己性命的愿望。他们尤其害怕为蓄意破坏、政治暗杀这样的个人犯罪开脱的政治理论。在危险面前，除了维护国家权威并坚信与国家作对的所有行为都是邪恶的，他们看不到任何防卫。

对内在危险的忧惧随着对外在危险的忧惧而加深。每个国家任何时候都面临着被别国入侵的风险。迄今为止，除了增加军备外，没有什么别的办法可以减少这种风险。但是，名义上用来防卫入侵的军备也可以用来实施侵略。因此，为减少对外部的忧惧而采取的手段却增加了这种忧惧，并且一旦战争爆发，其毁灭性也大大增加。通过这种方式，恐怖统治变成了世界性的，而国家在任何地方都带有“公安委员会”的某些特质。

国家从部落式情感中发展起来是很自然的，在目前情况下，国家因为忧惧而壮大自己也是合理的。除此之外，民族国家还有第三种力量之源，那就是带有宗教性质的爱国主义。

爱国主义是一种非常复杂的情感，建立在原始的本能和高度理智的信念之上。其中有对家、家人和朋友的爱，使我们特别渴望保卫我们自己的国家不受侵略；有对同胞的一种温和的本能喜欢，一如对外国人的本能排斥；有一种自豪感，这与我们认为自己所属的共同体的成功息息相关；有一种在自豪感的暗示下、经由历史所强化的信念，认为自己的民族代表一种伟大的传统，代表对人类至关重要的理想。除这些之外，还有一个更崇高、更易受攻击的因素，一种崇拜的因素，即甘愿牺牲，乐于将个人生活与国家生活融合在一起。这种蕴含在爱国主义中的宗教性要素对于国家的强大是必不可少的，因为在为国牺牲这方面，它在大多数人当中争取到了最优秀的。

爱国主义中的宗教因素通过教育得到强化，尤其是通过学习自己国家的历史和文学知识得到强化，前提是不要学习太多其他国家的历史和文学知识。在每个文明国家，对年轻人的所有教育都强调本国的优点和他国的缺点。人们普遍认为自己的国家更优越，因而在出现纷争时应得到支持，不管争端从何而起。这种信念如此真挚而根深蒂固，它使人们耐心地甚至几乎是高高兴兴地承受着战争带来的损失与艰难困苦。就像所有真诚信仰的宗教一样，它给人一种基于本能却又使之升华的人生观，使人对某一目的的投入超过对任何个人目的的投入，但在其解决方案中却包含很多个人目的。

爱国主义作为一种宗教，因缺乏普遍性而无法令人满意。它所追求的善只是为了自己的国家而非为了全人类。它在英国人身上激起的欲望和它在德国人身上激起的欲望并不一样。一个充满了爱国者的世界或许也是一个充满斗争的世界。一个国家对其爱国主义的信仰越强烈，对他国所遭受的损害就越漠不关心。一旦人们学会将他们自己的善服从于一个更大的整体的善时，就没有任何正当理由阻止人类的脚步了。正是掺入的民族自豪感在现实中很容易令人们萌生冲动，不吝牺牲地去驻守国家边境。也正是这种掺入物毒害了爱国主义，使之作为一种宗教位列于旨在拯救全人类的信仰之后。我们不能避免人们爱自己的国家甚于爱别的国家，也没有理由希望避免这样的事发生，就好像我们也不应该希望平等地爱所有的男男女女。但是，任何合乎需要的宗教都将引导我们通过对公正的爱来缓和感情的不公，通过实现人类的共同需求来普及我们的目标。这种变化发轫于犹太基督教，且必须发轫于一种仅为民族性的宗教，它的恶才能先得到净化。

事实上，爱国主义还有很多敌人要对付。随着人们通过教育和旅行获取更多关于外国的知识，世界主义不可避免地发展壮大。还有一种个人主义在不断增长，人们认识到每个人都应当尽可能自由地选择自己的目标，而不是因为地理上的偶然性而被迫追求社会强加给他的目标。一般来说，社会主义、工团主义和反资本主义运动在其倾向上是反对爱国主义的，因为它们使人们意识到目前的国家在很大程度上关心捍卫富人的特权，意识到国家之间的许多冲突都源于少数富豪的经济利益。这种反对可能是暂时的，只是劳工获取权力的斗争的一个插曲。在劳工以为可以安享胜利果实的澳大利亚，充满了爱国主义和军国主义，这是因为他们决心不让外国劳工分走自己从优越地位中获得的好处。英国如果成为一个社会主义国家，也不是不可能发展同样的民族主义。但这种民族主义很可能是纯防御性的。对外侵略的计划，会在付诸行动的国家造成巨大的生命和财富损失，这些计划很难启动，除非是交给那些通过私有财产和资本主义国家制度所产生的权力而强化了统治本能的人。

在现代社会，国家权力的过度膨胀造成滔天大恶，却鲜为人知。

国家造成的主要危害是提高了战争的效率。如果所有国家都增加实力，但彼此实力维持均衡，那么没有一个国家比之前更有胜算。当进攻手段存在时，尽管它们原本可能是用于防卫的，但使用它们的诱惑迟早会被证明是难以抗拒的。这样一来，提升一国境内安全的措施也会提升他国的不安全。国家的本质是对内压制暴力对外促进暴力。国家把人类和我们对人类的责任完全人为地分开：对一个群体，我们受法律约束，对另一个群体，唯一制约我们的是拦路强盗般的谨慎。国家变得邪恶是因为它的排外行为以及一旦它发动侵略战争就会变成强盗和杀人犯的联合体这一事实。现在的制度是不合理的，因为外部和内部的无政府状态既必须是对的也必须是错的。它之所以得到支持，是因为——只要其他人接受它——它被认为是通往安全的唯一道路；也是因为它保证了胜利和统治的快感，而这些是无法从一个良好的社会获得的。如果这些乐趣不再被人寻求或不再可能被人获得，确保安全免受侵略的问题就不难解决。

除了战争，现代大国的有害之处还在于它的幅员辽阔以及由此造成的个体无助感。一个不赞同国家目标的公民，除非他极有天分，否则别指望说服国家采纳他认为更好的目标。即使在一个民主国家，除了极少数例外，几乎所有问题都是由一小撮官员和名流决定的；即使是少数留给人民投票决定的问题，也是由铺天盖地的群体心理而非个体主动性决定的。这一点在美国这样的国家尤其引人注目，尽管有民主制度，但绝大多数人仍对所有重大问题有一种几乎完全无能为力的感觉。在这么大的一个国家里，民意就像自然界的力量之一，几乎完全不受任何人的控制。这种状况——不仅在美国，也在所有辽阔的国家——导致了某种疲倦和沮丧，这让我们联想到了罗马帝国。与古希腊或中世纪意大利的小城邦相反，现代国家几乎没有留下多少主动性的空间，也未能在大部分人身上培养出任何控制自己政治命运的能力。在这样的国家里，掌权的那少数人都是对统治有着不正常的野心和渴望，并具有巧言令色和含糊其辞的谈判技巧的人。其他所有人则因认识到自己的一无所知而相形见绌。

古老的君主制国家观念中有一种奇特的残存，即相信任何一部分人口生出的脱离整体的愿望中都蕴含着某种诡异的邪恶。如果爱尔兰或波兰渴望独立——很明显这种欲望必须坚决抵制——那么任何试图使之成真的举动都会被谴责为“叛国”。我能记得的唯一一个相反的例子是挪威从瑞典分离出来，此举虽获赞同，却没被效仿。在另外一些情况下，只有战败才导致国家放弃领土：虽然这种态度被认为是理所当然的，但如果国家有更好的目标，就不会采取这种态度。之所以采用它，是因为几乎所有大国的主要目标都是获得实力，尤其是战争中的实力，而战争中的实力往往是通过将不情愿的民众包含进来而增加的。如果民众的福祉是最终目标，某一块领土是否应包括在内或是否应形成一个独立国家这样的问题，将由该地区自由决定。如果这一原则被采纳，战争的主要原因之一将被消除，国家中最残暴专横的要素之一将被去除。

国家造成的损害主要源头在于以追逐权力为其主要目的。美国的情况不是这样的，因为美国可以抵御侵略[①]；但在其他所有大国，国家的主要目标是拥有尽可能最强的外部力量。因此，公民自由被限制，反军国主义宣传受到严厉惩罚。这种态度根植于骄傲和恐惧：骄傲，就是拒绝和解；恐惧，就是对他国的骄傲和我们自己的骄傲相冲突的结果的惧怕。这似乎是一种历史偶然，即这两种丝毫不会耗尽普通人的政治热情的情感，完全决定了国家的对外政策。没有骄傲，就没有恐惧的机会：一个国家的恐惧源于另一个国家的骄傲。统治的骄傲——不愿以武力或武力威胁以外的手段决定争端——是一种被拥有的权力所极大鼓舞的思维习惯。那些长期习惯于行使权力的人变得专横、爱争执，不能平等待人，非要与人为敌。人尽皆知，校长会议比大多数类似实体更容易引起激烈分歧：每位校

① 此处写于1915年。

长都试图把其他人当成自己的学生；大家都不忿于被这样对待，每个人也愤恨其他人的不忿。有充权威习惯的人尤其不适合友好的谈判；但是国家间的官方关系主要掌握在该国大权在握的人手里。当然，在有一个君主实际统治的地方情况尤其如此。这在一个实行寡头政治的地方、在采取一些方法实现民主的地方，就不那么适用了。但在所有国家很大程度上都是如此，因为首相和外交部长一定是当权者。纠正这种局面的第一步是部分普通公民真正对外交事务产生兴趣，并且坚决不让民族自豪感危及其他利益。战争期间，他受到鼓舞，愿意为了这种自豪感奉献一切；但在和平年代，他将比当权者更愿意认识到对外交事务一如对私人事务，应根据原则友好解决，而不是野蛮地诉诸武力或武力威胁。

内阁成员个人偏见的影响也许在劳资纠纷中可以看得很清楚。法国工团主义者断言，国家不过是资本主义的产物，是资本在与劳工发生冲突时使用的武器的一部分。即使在民主国家，也有很多东西能证明上述言论。罢工期间，出动士兵胁迫罢工者是很常见的；尽管雇主数量少，也更容易予以胁迫，但士兵从未被派去对付他们。当劳资纠纷导致一个国家的工业瘫痪时，虽然很明显双方都有责任，被斥为不爱国的却是工人，而不是大老板。政府采取这种态度的主要原因是，政府内部成员——如果不看其出身，那就看其功成名就吧——与劳工的大雇主们属于同一阶级。他们的偏见加上他们跟这些人的联系，使他们从富人的角度来看待罢工和闭厂。在一个民主化的公众舆论中，调和政治支持者的需要部分地纠正了这些富人的影响，但纠正总是局部的。同样的影响力既扭曲了政府对劳工问题的看法，也扭曲了它们对待外交事务的观点，这些影响力还有另外的不利之处，那就是普通公民能用来做出独立判断的手段要少得多。

国家的权力过大，部分是通过对内压迫而获得的，但大抵是通过战争和对战争的恐惧而获得的，它是现代世界的苦难和令人沮丧的主要原因之一，它使人们无法形成健全的心理。如果人们不想集体陷入绝望，像罗马帝国时期的人那样，就必须找到一些方法来纠正这种权力过度。

国家有一个目标，总体上是善的，即在人与人之间的关系上用法律代替武力。但是，这只能在一个世界国家（world-state）里充分实现，没有这个国家，国际关系就不能受法律约束。尽管诉诸法律比动武好，但仍然不是解决争端的最好方法。法律太静态，所言太多是正在消退的东西，太少注意到正在发展的东西。只要法律在理论上是至高无上的，它就必须不时受到内部革命和外部战争的磨练。只有根据目前的力量平衡随时准备修改法律，才能防止这些情况发生。如果不这么做，诉诸武力的动机迟早会变得无法抗拒。一个世界国家或国家联合会要想取得成功，就必须对问题做出决定，不是按照海牙法庭适用的法律准则，而是尽量以一旦诉诸战争将得到的结果的同等意义来决定。权威的职能应该是使问题不至于诉诸武力，而不是做出与武力可能做出的决定相反的决定。

有些人可能认为这种看法不道德。人们可能会说，文明的目标应该是确保公正，而不是把胜利交给强者。但是，一旦允许这种对立的观点被接受，人们就会忘记，对公正的爱本身就会启动武力。一个立法机关希望在决定一个议题时采取的方法一如它被诉诸武力来决定时那样，这个立法机关必须考虑到正义，假如正义公然在一方手里，无利害关系的各方将愿意加入这场纷争。如果一个壮汉在伦敦街头袭击一个弱者，力量的天平就会偏向弱者一边，因为即使警察没有出现，偶然经过的路人也会站出来保护弱者。不能一边谈论强力与权利的较量，同时又希望正义一方获胜。如果强力与权利之间真的发生较量，那就意味着权利会被击败。这个短语在被使用时，它是在隐晦地意指只有通过人的权利意识，才能使较强的一方变得更强。但人的权利意识是很主观的，它是决定力量优势的唯一因素。立法机构所向往的是，它不应凭它的个人权利意识来决定，而应以一种让人觉得无需诉诸武力的方式来决定。

在考虑了国家不该做什么之后，现在我开始细想国家该做什么。

除了战争和维持内部秩序外，国家行使着某些更为积极的职能，还有其他一些职能则是它理应履行的。

对于这些积极的职能，我们可以规定两条原则：

第一，在有些问题上，整个社会的福利取决于实际普遍达到的最低限度；在此情况下，国家有权坚持要求这个最低限度的实现。

第二，如果国家不采取进一步行动，其维护法律的一些做法会使各种形式的不公成为可能，那么受害者就会因愤怒而出手阻止。这种不公现象应尽量由国家加以阻止。

公众福利取决于一个普遍的最低限度，这方面最明显的例子是卫生条件和传染病预防。一个瘟疫病例如果被忽视，可能会给整个社区带来灾难。基于广义的自由来讲，没人能想当然地坚称，应任由一个患了瘟疫的人到处传染别人。同样的考量也适用于排水系统、热病通知以及诸如此类的事务。干涉自由始终是不对的，但在某些情况下，它显然好过放任自由致使疾病蔓延。通过消灭蚊子来扑灭疟疾、黄热病，也许是以此方式行事获得善的最显著例子。但是，当善小或可疑，而对自由的干预巨大时，与其忍受科学的暴虐，不如忍受一定数量的可预防的疾病。

义务教育和卫生问题可归入一类。众多愚民的存在对社会是一种危险；当相当比例的人是文盲时，整个政府机器就得考虑这一事实。现代民主是完全不可能在一个许多人不识字的国家实现的。但是在这种情况下的绝对普遍性的需求，与卫生措施那种情况下的并不相同。有教育当局在，几乎已经变成不可能的吉普赛人的生活方式就很可能被允许成为一个例外的风景。但除了这些无足轻重的例外，义务教育的论点是无法撼动的。

当前，国家为照顾儿童所做的工作比它理应做的要少，而不是多。儿童没有能力顾及自己的利益，父母们在这方面也没有尽到责任。很显然，只有国家才能坚持要求向儿童提供最低限度的知识和健康，后者目前来看暂时证实了社会的良知。

鼓励科学研究是另一件在国家权力范围内的事，因为科学发现的成果使社会获益，但与此同时研究费用高昂，且永远不能确定会单独取得何种结果。在这上面，英国落后于其他所有文明国家。

国家应该掌握的第二种权力是旨在减少经济不公的权力。这正是社会主义者强调的。法律创造或促进了垄断，而垄断能向社会索取一定的买路钱。最显眼的例子就是土地私有制。目前铁路是国家控制的，因为费率由法律规定；很显然，如果不对铁路加以控制，铁路将获得一种危险的权力。① 这样的考量如果单独存在，将证明彻底的社会主义是正当的。但我认为，公正本身同法律一样，太过静态而无法成为至高无上的政治原则：公正一旦实现，就不包含任何新生命的种子，也不包含任何发展的动力。因此，当我们想纠正一种不公时，重要的是要考虑这样做会不会破坏某种形式的积极行动的动机，这种行动

① 这一点在一种工团主义制度下，将和在当前一样正确。

总体来说是有益社会的。据我所见，这样形式的活动没有与土地私有制或经济租金的其他任何来源有关的；若是如此，国家就应该是租金的主要接受者。

如果所有这些权力都被允许由国家掌握，那么把个人自由从专制中拯救出来的企图会变成什么样呢？

所有仍然关心激发自由主义的理想的人所面临的普遍问题之一，便是自由、个人主动性与组织相结合的问题。政治和经济越来越被大型组织控制，面对这些组织，个人有变得无力的危险。国家是这些组织中最大的，也是自由最大的威胁。然而，它的许多职能似乎必须扩展而不是缩减。

有一种方法可以将组织和自由结合起来，那就是通过确保志愿组织的权力，这些志愿组织由选择投身其中的人组成，因为它们体现了所有成员都认为重要的某个目的，而不是偶然或外力强加的一个目的。国家因地理位置原因不可能完全自愿联合而成，但正因如此，需要有强大的公共舆论限制权力的独断专行。在大多数情况下，民意只能通过那些有共同利益或渴望的人的联合来予以保障。

除了维持秩序，国家的积极目的应该尽可能地实现，不是由国家自身，而是由独立的组织，这些组织只要让国家相信它们没有低于必要的最低限度，就应享有完全的自由。就初等教育而言，这目前在一定程度上是有限的。大学在高等教育和研究方面也可以被视为在代表国家，只不过大学没有明确设定取得成果的最低限度。在经济领域，国家应该实施控制，但应当把主动性留给他人。在此有充分理由增加主动性的机会，并尽可能给予每个人主动性，因为不这么做的话，就会到处弥漫着一种无能为力和气馁。应当不断努力，将政府更积极的方面交由志愿组织处理，国家的目的仅仅是提高效率，确保在境内外友好地解决争端。此外，还应以最大的可能容忍各种例外、以最小的可能坚持整齐划一，并把两者结合起来。

一桩好买卖可以通过地方政府以行业和地块来达成。这是工团主义最原始的想法，它作为对暴政的一种抑制是有价值的，这种暴政是社会可能试图对其某些阶层的成员施行的。所有体现着部分民意的强大组织，如工会、合作社、行会以及大学，都应作为自由和主动性机会的捍卫者受到欢迎。而且有必要有一个支持自由本身的强大公共舆论。为争取思想自由和言论自由的旧战，被认为早已取得决定性胜利，但这样的旧战将不得不从头再来，因为大部分人只愿给那些碰巧很受欢迎的意见以自由。制度不能维护自由，除非人们意识到自由的可贵并愿意竭力让它永葆活力。

对每一个国中之国都有一种传统上的异议，但那只是出于对专制君主的嫉妒。事实上，现代国家包含许多组织，国家无法打败它们，除非在公共舆论被动员起来反对它们的罕见情况下。劳合·乔治先生在保险法案上与医疗行业的长期斗争，充满了荷马式的命运波折。威尔士的矿工在一个情绪激昂的民族的支持下最近击溃了国家的权力。至于金融家，没有哪个政府会想与之发生冲突。当其他所有阶级都被劝说要奉行爱国主义时，他们可以获利 4.5%，并且让大家对他们发行的公债增加了兴趣。各方都很明白，呼吁他们爱国将显示出对这个世界的严重无知。以威胁撤回警察的保护来勒索他们的钱财也是有违国家传统的。这并不是因为这样的举措很难实施，而是因为巨大的财富赢得了我们所有人的钦佩，我们不能容忍一个非常富有之人受到不敬的场景。

强大的组织——比如工会这样的——存在于国家内部并不是不可取的，但是希望拥有无限权力的官员不这么看，这些组织的对手，比如雇主联合会，也不这么看，它们更喜欢一个组织涣散的对手。鉴于国家幅员辽阔，大多数人除了加入为特殊目的而成立的下属组织，几乎无法为主动性找到政治出路。如果政治主动性没有用武之地，人们就会失去社交活力和对公共事务的兴趣：他们会沦为腐化的幕后操纵者的猎物，或是那些有本事俘获一个疲倦迷茫之人注意力的感官贩子的牺牲品。解决这一问题的办法是增加而非削减志愿组织的权力，给每个人一个政治活动空间，大小要足以满足其利益和能力；尽可能限制国家的职能，以维持利益冲突各方的和平。国家的根本优点是能防止个人私自在内部使用武力。而它的根本缺点是会推动对外动武，还有以它的体量让即使在民主国家的每个个体也感到渺小无力。在后面的一次演讲中，我将回到预防战争的问题上。防止个人的无力感不能靠回到小城邦时代来实现，那就跟回到机器时代之前一样反动。它必须以一种符合当前趋势的方法来实现。这样一种办法就是，越来越多地将积极的政治主动性下放到为特定目的志愿形成的实体中，使国家处于一个类似联邦当局或仲裁法院的位置。然后，国家自己将只限于坚持以某种方式解决利益冲突：决定什么是正确的解决办法的唯一原则是试着找出整体上所有有关方面都可以接受的措施。这是民主国家自然发展的方向，除非这些国家因战争或对战争的恐惧而偏离了正道。只要战争还是每天迫近的危险，国家就仍是一个摩洛神般的要求重大牺牲的可怕力量，有时牺牲个人的生命，但永远牺牲自己的不受限制的发展，为了在与别国的竞争中取得控制权而展开无果的斗争。无论在内部还是外部事务上，战争都是自由最可怕的敌人。

## 三、战争作为一种制度

尽管大多数国家在大多数时候处于和平状态，但战争仍是所有自由社会的永久性制度之一。正如议会亦是我们的永久性制度之一，尽管它并不总是开会。作为一种永久性制度的战争正是我希望考虑的：人类为什么容忍战争；人类为什么不应容忍战争；人类要怀有何种希望才能不再容忍战争；若人类愿意，如何废止它呢。

战争是两个群体间的冲突，每一方都试图尽可能杀死和残害另一方，以达到自己想要的目的。这个目的通常不是权力就是财富。对他人行使权力是一桩乐事，依靠别人的劳动成果生活也是一桩乐事。战胜者比战败者更能感受到这种种乐趣。但是，战争同其他所有自然活动一样，与其说是由它所看到的结果引发的，不如说是由对这种行为本身的一种冲动所致。人们常常渴望一个结果，不是为了自身的利益，而是因为他们的天性要求采取能引向这种结果的行动。在此情况下也是如此：通过战争达成的目的，在未来远比在它们达成的时刻显得重要，因为战争本身是对我们天性的某方面的一种满足。若人类的行为源于对一些事实上会带来幸福的东西的渴望，那么反对战争的纯理性争论早就终结了战争。之所以难以压制战争，是因为战争发乎于冲动，而非对战争所能带来的好处的计算。

战争不同于警察使用武力，警察动用武力是执行中立当局的命令，而战争是起争端的各方自己动用武力。这一区别并非绝对，因为国家在内部争端中并不总是全然中立的。当罢工者被打压，国家便站在富人一方。当对现有国家不利的言论遭到惩罚，国家显然是争端的当事方之一。从压制个人观点到发动内战之间的一切阶段皆有可能出现。但广义上说，根据整个社会先前制定的法律所动用的武力，或许有别于一个共同体对另一个共同体所使用的武力，在后一种情况下，出手的那个是唯一的法官。我已解释了这一区别，因为我不认为警察使用武力这种事能被完全消除，但我认为在国际事务中同样使用武力则是实现永久和平的最大希望。目前，规范国际事务的原则是一国若非自身利益牵涉其中否则不得干预他国事务：外交惯例禁止只为维护国际法而进行的干预。当德国潜艇造成美国公民溺亡时，美国可能会抗议，但若不涉及美国公民，美国则无权抗议。如果类似的情况换成是内政的话，就是警察只在有警察遇害时才可介入谋杀案调查。只要这一原则在国家关系中占上风，中立方的力量就无法有效地用于防止战争。

在每个文明国家中，两股力量携手发动战争。而在平时，只有一些人——通常占人口的一小部分——是好战的：他们预测战争，显然对未来发生战争没有丝毫不快。只要战争还没有迫在眉睫，大多数人很少注意到这些人，也不会积极地支持或反对他们。但是，一旦战争开始变得越来越近，战争的热度就攫取了人们的心，而那些本来就好战的人发现得到了除少数无关紧要者之外的所有人的热情支持。激发战争热的冲动与让一些人在平时好勇斗狠的冲动大不相同。只有受过教育的人才有可能在平时好战，因为只有他们非常清楚其他国家或者自己的国家在国际事务中可能发挥的作用。但是，使他们有别于他们那些更无知的同胞的仅仅是他们的知识，而非他们的天性。

举一个最明显的例子，战前几年的德国政策并不反对战争，对英国也不友好。因此，值得去尝试了解出台该政策的心态。

首先，指引德国政策的人的爱国程度几乎不为英国和法国人所知。在这些人看来，德国的利益无疑是他们唯一需要考虑的利益。在追求这些利益的过程中会对其他国家造成怎样的伤害，对人口和城市造成何种破坏，对文明造成怎么无可挽回的损毁，这不是他们考虑的。如果他们能给德国带来他们所认为的好处，其他一切都无足轻重。

第二点值得注意的是，德国的政策中其国家福利的概念主要是竞争性的。德国统治者认为重要的不是本国的内在财富，无论是物质的还是精神的；而是与其他文明国家竞争时的相比较而言的财富。因此，对他们而言，在国外破坏好东西几乎和在德国创造好东西一样令人满意。在世界上大部分地方，法国人被认为是各民族中最文明的：他们的艺术、文学和生活方式对外国人的吸引力是德国人在这方面不具备的。英国已经发展了政治自由，也擅长用最少的胁迫来维系帝国，在这方面，德国迄今还没有展现出任何才能。这些都是嫉妒的理由，嫉妒心想摧毁别国的好东西。德国的军国主义者们非常正确地判断出，就算法英两国最终没有在真刀真枪的战斗中落败，它们最好的东西也很可能被一场大战毁掉。我看过一份法国青年作家阵亡者名单；也许德国当局也看到了，并欣喜地表示，这样的损失再来一年就会摧毁整整一代法国文学——或许，因为传统不再，就这样永久地消失了。我们国家更为好战的报纸上每一次爆发反对自由的声浪，每一次煽动迫害手无寸铁的德国人，每一个在我们的态度中显示出的越来越凶残的迹象，德国爱国者必定很高兴读到，以此确认他们成功地剥夺了我们最好的东西，迫使我们效仿普鲁士最糟的东西。

然而，德国统治者最嫉妒的是我们的力量和财富。这种力量源于对海洋和海峡的控制权，而财富来自一个世纪以来的工业霸主地位。在这两方面，德国人觉得他们都应得到比我们更高的回报。他们将更多的心思和技能用于军事和工业组织。他们的智力和知识的平均水平要高出很多；他们团结一致、深思熟虑地追求可达到的目标的能力无穷大。然而，仅仅（正如他们所认为的那样）因为在竞赛中我们开始得早，我们就建立了一个比他们大得多的帝国，也控制了更多的资本。这一切都是无法忍受的，只有发动一场大战才能改变。

除了上述所有感觉，在许多德国人——尤其是那些最了解我们的——心中，还有一种一想到我们的骄傲就生出的强烈仇恨。法利纳塔·德里·乌贝尔蒂[①]审视了地狱，“仿佛他巨大的藐视可以贬低地狱”[②]。正因如此，据德国人描述：被俘的英国军官看周围俘虏他们的人的目光冷冷的，仿佛敌人是有毒的、不洁的生物，像癞蛤蟆、蛞蝓或蜈蚣，没人愿意碰触，如果谁不得已碰了一下，要赶紧嫌恶地甩掉。很容易想象魔鬼有多么憎恨法利纳塔，加诸他身上的痛苦远比他周围人的更大，他们希望通过他哪怕表现出一点轻微的畏缩来赢得认可，结果被他逼得发狂，因为他继续表现得好像他们不存在似的。同样，德国人也被我们精神上的一成不变气得发疯。实际上，我们把德国人看作大热天里的苍蝇：它们令人讨厌，人们得把它们打发走，但不曾料到会被它们赶出去。现在，胜利的最初确定性已

① Farinata degli Uberti，佛罗伦萨贵族，后来成为佛罗伦萨保皇党吉贝林派的领袖；但丁《地狱》中的人物。——译者

② 载于《地狱篇·第十章》。——译者

经消退，我们的内心开始受德国人的影响。如果我们的军工企业继续失败，不久我们就会意识到他们是人类，而不仅仅是一个令人厌烦的状况。那么，或许我们会用一种他们没有理由厌恶的仇恨来恨他们。而从这样的仇恨到真正的和解只有一步之遥。

如果这个世界的未来不比现在可怕，必须解决的问题是防止各国在战争爆发时陷入英德两国的情绪中。这两个国家在那一刻可能会被视为骄傲和嫉妒的神话般的代表，骄傲是冷漠的，而嫉妒是炽热的。德国激动地宣称："你，英国，臃肿而衰老，你阻碍了我的生长。你腐烂的枝桠挡住了阳光对我的照射，妨碍了雨露对我的滋润。你伸展的枝叶必须被修剪，你对称的美必须被毁掉，我才可以自由生长，我年轻的活力也许才不再被你这一身的腐朽阻碍。"英国，既无趣又冷漠，不知道外部力量的要求，心不在焉地试图扫除打扰它冥想的暴发户；但暴发户人没有被扫除，而且至今仍有充分的机会实现它的要求。这样的要求和对它的抵抗都很愚蠢。德国没有嫉妒的好理由，我们也没有好理由去抵制德国提出的要求，无论这要求是什么都与我们的继续存在不矛盾。未来有没有什么办法能避免这种你来我往的愚蠢行为呢？

我认为，如果英国人或德国人能从个体利益而不是民族自豪感的角度思考问题，他们就会看到，在战争期间的每一时刻，最明智之举就是立即以可能获得的最佳条件缔结和平。我坚信，这对每个国家和整个文明来说都是最明智的。敌人能通过一个令人不快的和平制造的最大的坏处，比起所有国家继续争斗而给它们自己带来的坏处不过是个零头。使我们对这一显而易见的事实视而不见的是骄傲，这种骄傲使承认落败变得难以容忍，并且还通过暗示承认落败将导致的各种坏处给自己披上了理性的外衣。但是，落败的唯一真正的坏处是屈辱，而屈辱是主观的；如果我们渐渐被说服参战是个错误，最好去追求其他不依赖于称霸世界的目标，那么我们就不会感到屈辱了。如果英国人或德国人都能在内心承认这一点，那么任何不破坏民族独立的和平都可以被接受，还不用丢掉对美好生活至关重要的自尊。

德国发动战争的情绪是可憎的，但这种情绪是由英国惯有的情绪培养出来的。我们为自己的领土和财富而自豪，时刻准备以武力保卫我们在印度和非洲征服的东西。如果我们认识到帝国的徒劳，并表现出不等武力威胁上门便把殖民地交给德国的意愿，我们也许本可以劝告德国人说他们的野心是愚蠢的，全世界的尊重是不会靠帝国主义政策赢得的。但是，我们通过抵抗表明了我们共同的标准。我们变得沉醉于现状。德国人愿意用战争来破坏现状；我们则愿意用战争来防止现状被德国出于自己的利益而破坏。我们如此确信现状的神圣性，以至于我们从未认识到它对我们多有利，也没有认识到维持现状之举是怎么让我们也对战争负有责任的。在一个各国有盛有衰、力量会发生变化、人口日益拥挤的世界，永久地维持现状既不可能也不可取。若想维护和平，各国必须学会接受地图上令人不快的改动，但又不能觉得自己必然会在战争中第一个被打败或者觉得在让步时受到了折辱。

正是律法主义者与和平之友坚持维持现状，把德国赶到了军国主义道路上。德国虽然和其他大国一样有权建立帝国，但这一帝国只能靠战争获得。对和平的热爱与静态的国际关系概念之间已然有太多关联。在经济纠纷中，我们都知道工薪阶层中任何有活力的东西都反对所谓的“产业和平”，因为现有的财富分配被认为是不公的。那些享有特权的人竭力以掀起对和平的渴望并谴责助长阶级冲突的人来巩固自己的主张。他们从没想过，资本家光反对变革而不思考变革是否公正，对阶级斗争亦负有责任。同样，英国也要为德国的战争承担责任。如果真枪实弹的战争要停止，就得有政治手段，凭此获得现在只能通过战场上的胜利取得的结果，并且各国将不得不主动承认中立者的裁决中出现的不利主张（adverse claims）。

只有通过这样的承认，并将它体现在一个各国参加的、完全有权改变领土分配的会议中，军国主义才能被永久地战胜。目前的战争可能会给西方国家带来精神和见解上的一种变化，足以使这样一种制度成为可能。在大多数文明人反抗现代战争的残暴和徒劳的破坏之前，可能需要更多的战争和更多的破坏。但是，除非我们的文明标准和建设性思想的力量被永久地降低，否则我不能怀疑理性迟早会战胜现在导致各国参战的盲目冲动。如果绝大多数大国都有维护和平的坚定决心，那么就不难设计解决争端的外交机制，也不难建立教育制度，这种教育制度将在年轻人思想中植入对现在教他们去钦佩的屠杀的一种难以磨灭的恐惧。

除了引发战争的有意识的、深思熟虑的力量外，还有普通民众难以言状的情绪，在大多数文明国家，这些情绪随时准备在政治家的蛊惑下爆发战争的狂热。若想确保和平，染上战争热的苗头就必须以某种方式节制。无论谁想做到这一点，首先必须明白什么是战争热，以及为什么会发病。

这个世界上有重大影响之人，不论善恶，通常受三重欲望支配：第一，他们渴望一种能充分发挥他们自认为擅长的才能的活动；第二，成功克服阻力的感觉；第三，别人对其成就的尊重。第三种欲望有时不存在：有些已功成名就、没有“最后的弱点”的人，满足于自己的成就感，或者仅仅满足于付出艰难努力的喜悦。但是，通常这三种欲望都在场。有些人在某些方面有才华，因此他们对活动的选择由其能力的性质而定；另一些人在年轻时有着广泛的可能，因此他们的选择主要取决于公共舆论对于不同类型的成功给予的不同程度尊重。

同样的欲望，通常在不那么明显的程度上，也存在于没有特殊才能的人身上。但是，这些人不可能凭个人努力办成任何非常困难的事；对他们来说，作为一个个单位，不可能有出人头地之感，也不可能取得战胜强大阻力的胜利。他们各自的生活平淡无奇、枯燥乏味。早上他们去上班或下地，晚上拖着疲惫回到家，一言不发地重复跟妻儿沉闷单调的生活。他们相信安全是头等大事，早已保了疾病和死亡险，并找到了一份几乎不用担心被解雇、同时不会大有起色的工作。但是，安稳一旦实现，就带来倦怠的报应。冒险、想象、风险，都有自己的要求，但普通工薪阶层怎能满足这些要求呢？即使有可能，也首先必须满足妻儿的要求，而且绝不可忽视。

对于这种秩序和良好组织的牺牲品来说，在突然到来的危机时刻意识到他属于一个国家，意识到他的国家也许会冒风险，也许会投身艰难的事业，享受可疑的战斗掀起的狂热激情，通过军事远征西奈山[①]和伊甸园来激发冒险精神和想象力。从某种意义上讲，他的国家做什么，他就做什么；他的国家遭受什么，他也感同身受。多年的个人谨慎要用一种放肆投入大众的疯狂来宣泄。他在私下里学会履行的所有节俭、守秩序和关爱他人的可怕职责，都被认为不适用于公共事务：为了国家而不惜一切是爱国的、高尚的，但为了自己而不惜一切则是缺德的。被文明所否定的古老原始激情因压抑而愈发强烈。某一瞬间，想象和本能穿越回数百年前，丛林中的野人从他被囚禁的精神监狱中走了出来。这便是战争狂热更深邃的心理层面。

---

① 在犹太历史中，它是上帝发出启示的主要地点；也是基督教的圣山。——译者

但是，除了战争狂热中的非理性和本能因素外，也总有——如果只是作为原始冲动的解放者——一定数量的准理性考量和被委婉地称为“思想”的东西。战争狂热很少会席卷一个国家，除非它相信自己将会获胜。无疑，受激动情绪的影响，人们会高估他们成功的几率；但是，在希望和一个理性人的预期之间是有一定比例的。荷兰虽然和英国一样十分仁慈，却没有为比利时而战的冲动，因为带来灾难的可能性人们明显心知肚明。伦敦民众如果知道战争将如何发展，就不会像很久以前的8月公共假日那样兴高采烈了。一个最近经历过战争并且已经知道战争几乎总是比开战之初预期的更痛苦的国家，在新一代人成长起来之前不太容易染上战争热。渴望战争的各国政府和记者认识到了战争热之中的理性要素，这一点从他们总是尽量弱化他们想挑起的战争的危险可以看出。南非战争伊始，威廉·巴特勒爵士被解职，原因很明显，因为他暗示6万人、3个月可能不足以征服布尔共和国。当战争被证明是漫长而艰难的时候，这个国家转而讨伐那些发动战争的人。在人类事务中没有太多要归因于理性的，我想，我们或可假定，一个国家不会在每个理智的人都能看到失败的可能性的情况下患上战争热。

这一点的重要性在于，如果胜算非常小，就不大可能发动侵略战争。如果爱好和平的国家足够强大，明显能打败那些愿意发动侵略战争的国家，那么爱好和平的国家就可以结成联盟，同意共同打击任何拒绝服从国际理事会的要求的国家。在当前战争发生前，我们原本有理由希望以某种这样的方式确保世界和平。但是，德国的军事实力表明，这样的计划目前没有太大的成功机会。也许在不久的将来，美国政策的发展可能会使之更具可行性。

如果所有文明国家都有强烈的和平意愿，那么发动战争的经济和政治力量就很容易受到遏制。但是，只要人民染上战争热，为和平而做的所有工作必然变得岌岌可危；而如果不能激起战争热，政治和经济力量就无力发动任何长期的或者极具破坏性的战争。和平主义者的根本问题是要防止发动战争的冲动不时地席卷整个社会。而这只能通过教育、社会经济结构以及由公共舆论控制男女生活而形成的道德准则的一些深远变化来实现。[1]

现在使国家参战的诸多冲动本身对于任何朝气蓬勃或进步的生活都是必不可少的。一个缺少想象力和冒险精神的社会，很快将停滞不前并开始衰退。为了刺激人们的活动，为了确保鲜活的东西战胜僵死的或仅仅是传统的东西，冲突——只要不是破坏性的和残酷的——也是必要的。一个聪明人不会想去摧毁一个人对事业成功的渴望或与一大群人的团结感。只有死

---

① 这些改变，不仅是为了防止战争，也是为了它们自己的利益，以后的讲座中将会讨论。

亡、毁灭和仇恨的结果才是邪恶的。但问题是，如何既维持这些冲动又不让战争成为其出口。

迄今建成的所有乌托邦都是令人难以忍受地乏味。任何孔武有力的人都宁愿生活在这个充满恐怖的世界，也不愿生活在柏拉图的理想国或者斯威夫特的慧骃国[①]。那些建造乌托邦的人，对于是什么构成了美好生活的假设是完全错误的。他们相信这种情况是有可能的，即想象某种社会状态和某种生活方式，它们应该被一劳永逸地认为是好的，然后应该永远持续下去。他们没有意识到，一个人的幸福很大程度上取决于主动出击，只有极少部分来自被动的享受。即使是真正包含在享受中的那些愉悦，对于大多数人来说，也只是在所采取行动的间隔时才会令人满意。像乌托邦的发明者一样，社会改革家们容易忘记这一显而易见的人性事实。他们的目的，与其说是获得更多的闲暇，并且有更多的机会去享受它，还不如说是让工作本身更令人满意、更符合冲动，并有一个更好的释放创造力和利用自己能力的途径。在现代世界，对于几乎所有依赖收入为生的人来说，工作仅仅是工作，而不是从事活动的欲望的体现。这可能在很大程度上是不可避免的。但当它可以防止时，一些措施将会实施，以此为导致战争的某些冲动提供一个走向和平的出口。

① 乔纳森·斯威夫特的讽刺小说《格列佛游记》中虚构的国家。——译者

当然，如果世界上没了活力，将很容易实现和平。罗马帝国爱好和平且生产效率低下；伯里克利时期的雅典则是历史上最富有生产力也最穷兵黩武的共同体。我们这个时代唯一擅长的生产形式是科学，而在科学上，德国这个最穷兵黩武的大国是遥遥领先的。例子多举无益，但很明显，同样的生命能量，若能制造出一切最好的事物，便也能制造出战争和对战争的热爱。这就是许多人反对和平主义的基本原因，而这些人的目的和行为绝不是残忍的。在实践中，和平主义往往给人的感觉只是武力不足，而不是拒绝以武力挫败他人。若和平主义既想取胜，又想显得仁慈，它就必须找到一个符合人道情怀的出路来释放现在导致各国陷入战争和毁灭的旺盛精力。

这个问题，威廉·詹姆斯在 1898 年美西战争期间的一次和平主义者大会上谈到了，当时他做了一篇关于“战争的道德对应物”的令人钦佩的演讲。他对这个问题的陈述再好不过了；据我所知，他是唯一一个充分正视该问题的作家。但他的解决方案不够完备，也许根本就不可能完备。然而，这只是一个程度问题：人类的能量每多一个和平的出口，都会削弱促使各国走向战争的力量，让战争变得不那么频繁和激烈。作为一个程度问题，它可以或多或少地得到局部的解决。[①]

每个精力充沛的人都需要某种竞赛，某种克服阻力的感

① 这部分演讲只是简略地提及这个问题，后面的演讲将会对各个方面详述。

觉，从而感觉他在锻炼自己的能力。在经济学的影响下，一种理论发展了起来，它认为人所渴望的是财富；这一理论倾向于自证，因为人的行为更多是取决于他们认为自己想要的，而不是他们真正想要的。一个社会群体中不太积极主动的成员实际上往往真的渴望财富，因为财富能满足他们消极享受的爱好，并且能让他们在不费力的情况下获得尊重。但那些能赚大钱的精力充沛之人很少渴望真金白银：他们想要的是通过竞赛得来权力的感觉，还有成功的活动带来的快乐。正因如此，那些在挣钱方面越是不讲情面的人，往往也是最愿意放弃金钱的人；美国的百万富翁中有很多这方面臭名昭著的例子。认为这些人是受对金钱的欲望驱使的这条经济理论中，唯一的真理就是：由于金钱被认为是人们所向往的，因此赚钱被公认为成功的标尺。人们渴望的是看得见的、不容置疑的成功，但这只能通过成为达成许多人可望而不可即的目标的凤毛麟角者之一来实现。因此，公共舆论对引导精力旺盛者的行动影响颇大。在美国，一个百万富翁比一个大艺术家更受尊敬，这使得原本想要做这个工作或者那个工作的人，最后选择以成为百万富翁为目标。文艺复兴时期，意大利的大艺术家们比百万富翁更受尊敬，其结果与美国的正好相反。

一些和平主义者和所有军国主义者都抨击社会冲突和政治冲突。在这一点上，以军国主义者的观点来看他们是正确的；但和平主义者在我看来似乎错了。政党政治的冲突，劳动与资本的冲突以及所有不涉及战争的一般原则性冲突，都有许多有益的作用，危害却很小。它们增加了人们对公共事务的兴趣，为热衷竞争者提供了一个相对单纯的发泄渠道，并帮助修正法律和制度，以顺应不断变化的条件或更多知识所引发的改变的愿望。每一个强化政治生活之物都会带来对和平的兴趣，一如导致对战争的渴望的兴趣。在一个民主社会中，政治问题给每位选民一种主动意识以及力量和责任感，使其生活摆脱某种狭隘的不愿尝试新事物的东西。和平主义者的目标应该是让人们在自己的生活上有越来越多的政治控制权，尤其像工团主义者倡导的那样，将民主引入产业管理。

善于反省的和平主义者面临的问题在于两方面：怎样维护自己国家的和平安定，怎样维护世界和平。当各国对德国参战一事比较情绪敏感时，维护世界和平不啻为天方夜谭，除非某个国家确实明显比所有其他国家联合起来还要强大，以至于发动战争对这个国家而言没必要，对所有其他国家来说无望。由于这场战争的旷日持久，很多人一定会问自己，民族独立是否值得不得不为此付出的这番代价。由一个超级大国来确保世界和平或许不是更好吗？“通过一个世界联合会来维护和平”——一个顺从的和平主义者可能在战争的头两年就提出过这样的观点——“需要统治者和人民都具备一些微弱的理性，因此这是不可能的；但鉴于德国惊人的军事成就，通过允许德国向欧洲发号施令来确保和平，就容易得多。既然并无其他方法结束战争”——那么我们提倡不惜任何代价实现和平的人就会争辩说——“让我们采取这样一种方式，它此刻正好摆在我们每个人面前”。在思考这个观点时，值得比通常考虑问题时更加认真专注。

历史上有个著名的例子便是以这种方式维持了长期的和平；我指的是罗马帝国。我们英国人为我们将大不列颠治世（Pax Britannica）强加于印度交战的种族和宗教而自鸣得意。如果我们这样的自得是对的，如果我们确实通过强制和平给印度带去了好处，那么如果德国人能把德意志治世强加于欧洲，他们为此自吹自擂便也是对的。战前，人们可能会说印度无法与欧洲相提并论，因为印度的文明程度不如欧洲；但是现在我希望没有人会厚颜无耻地维护如此荒谬的想法。现代历史上曾反复出现过一个单一国家以霸权实现欧洲统一的机会，但是遵奉“大国均势”（Balance of Power）学说的英国，总是阻止此事发生，并维持我们的政治家所称的“欧洲自由”之原状。我们现在从事的正是这一任务。但我并不认为，我们的政治家或者我们之中的任何其他人已经非常努力去考虑这个任务是否值得付出代价。

在一个例子上我们显然是错的，那就是我们对法国大革命的抵制。如果革命大潮中的法国能征服欧洲大陆和大英帝国，那么现今世界会更幸福、更文明、更自由、更和平。但是，掀起革命的法国是一个特例，因为它早期的征服打的是自由的旗号，反对的是暴君而非人民；所到之处，法国军队都被视为解放者，受到了除统治者和顽固分子之外的所有人的欢迎。就腓力二世而言，我们显然做对了，就跟 1793 年我们明显做错了一样。但在这两种情况下，我们的行为都不应以“欧洲自由”的某些抽象的外交概念来评判，而应以谋求霸权的大国理想以及对全欧洲普通人的福祉可能造成的影响来判断。

“霸权”是一个非常含糊的词，一切都取决于它对自由的干涉程度。有一种干涉程度对于国家生活的许多形式都是要命的；比如，17、18 世纪的意大利处在西班牙和奥地利的霸权统治下。如果德国人真的像 1871 年那样吞并法国诸省，他们很可能会对这些省份造成严重的伤害，使它们对文明的总体贡献减少。正因如此，国家自由意义重大，一个实际上由德国统治的欧洲可能会非常死气沉沉、效率低下。但是，如果“霸权”只是意味着在外交问题上增加分量，在非洲建更多的装煤站(coaling stations)、占有更多的财富，更有权确保有利的商业条款，那么就很难想象它会对其他国家造成何种重大损害；当然，霸权不会像当前的战争那样造成如此大的破坏。我不能怀疑，在战前，这样的霸权会让德国人非常满意。但到目前为止，这场战争的影响是，它旨在避免的所有危险都将不可估量地增加。我们现在只能在以下两者间做出选择：要么眼睁睁地看着欧洲在与德国之战中消耗殆尽，要么坐视德国的暴政对法国国家生活可能造成的破坏。从文明和人类福祉的角度而非国家威望的角度来讲，这实际上就是眼下的问题所在。

假设战争不是以一国征服其他所有国家而结束的，那么唯一能永久结束战争的办法就是建立一个世界联合会。只要有诸多主权国家存在，并且每个国家拥有军队，就不可能有息兵罢战的安全。只有当世界只有一支海军和一支陆军时，我们才有理由认为战争已经停止了。这意味着，就国家的军事职能而言，只有一个国家，而且是一个世界国家。

这个国家的民事职能——如立法、行政和司法——与军事职能没有非常本质的联系，让这两方面职能都由同一个国家行使是没有道理的。事实上，行使民事职能的国家与行使军事职能的国家之所以不同，是有各种原因的。对于绝大多数民用方面的目的而言，一些较大的现代国家已经太过庞大，但对于军事方面的目的而言，又不够大，因为它们不是世界国家。当没有意识到这两个功能几乎没有必要的联系时，这两种状态在关于其理想地域上的差异会带来某种困惑和犹豫：一方是奔着小国来考虑，另一方则是针对不断扩大的大国来考虑。当然，若有一支国际陆军和海军，就必须有某个国际机构来调动。但是，该机构无需让自己关心任何一国的内政：它只需宣布规范各国关系的规则，并在这些规则被违反、需要国际部队干预时做出司法裁决。诸多实例都可以看出，这种国际机构的局限性是多么轻易可以解决。

在实践中，以民事职能为主的国家和以军事职能为主的国家在许多方面往往是不同的。南美洲诸共和国在所有方面都享有主权，只有它们与欧洲的关系除外，这方面它们听美国的：在与欧洲打交道时，美国的陆军和海军就等于它们的陆军和海军。我们的自治领以防御为主，但靠的不是它们自己的部队，而是我们的海军。如今，大多数政府都不打算正式吞并它们希望合并的国家，而是只打算吞并受保护国，即受军事控制的公民自治国家。这样的自治在实践中当然是不完整的，因为“受保护”国不能实行那些被实施军事控制的大国否决的措施。但这样的自治可能非常接近完全自治，就像我们的自治领一样。而另一个极端，可能变成一出纯粹的闹剧，就像在埃及那样。在结盟方面，参加结盟的各国拥有完全的自治权，实际上是将其军事力量合并为一支单一部队。

一个军事大国的大优势在于它增加了除非被革命席卷否则不可能爆发内战的地区。如果英国和加拿大意见不合，则理所当然应通过讨论而不是以武力来形成解决方案。如果曼彻斯特和利物浦发生分歧，情况更是如此，且不说事实上它们在很多地方事务上都是自治的。没有人会认为利物浦为阻止曼彻斯特运河的修建而发动战争是合理的，尽管几乎任何两个大国都会因为同样重要的问题开战。若英国和俄国不是盟友，它们很可能会因为波斯问题开战；实际上，它们通过外交达成的结果，与它们要是开战达成的结果几乎一样极不公正。方式不同，结果相似。如果澳大利亚和日本都完全独立的话，两国可能会开战；但他们都把自己的自由寄托在英国海军身上，因此它们不得不和平地调整它们的分歧。

一个军事大国的主要不利之处是，当外部战争发生时，受影响的范围更大。四个协约国目前形成了一个军事大国，其结果是，因为奥地利和塞尔维亚之间的争端，比利时被重创，澳大利亚人在达达尼尔海峡遭到杀害。另一不利之处是助长了压迫。一个军事大国在对付一个小国时是无所不能的，它可以把自己的意志强加于人，正如一直以来英国和俄国在波斯、奥匈帝国在塞尔维亚所做的那样。任何纯粹机械的保证都无法确保避免压迫；只有自由和人道的精神才能提供真正的保护。英国完全可能压迫爱尔兰，尽管英国有民主制度、威斯敏斯特[①]有爱尔兰议员。同理，德国国会里也有波兰人，但也没能阻止对普鲁士波兰的压迫。不过，民主和代议制政府无疑使压迫的可能性变小了：它们提供了一种手段，以此让那些可能被压迫的人能将他们的愿望与冤屈公诸于众，它们使人们确信只有少数人可以被压迫，而且只有当多数人几乎一致希望压迫他们时这种事才会发生。而且，压迫这件事给实际执行的统治阶级带来的快乐，远大于给普通大众带来的快乐。因此，拥有权力的广大民众可能不如寡头政治或官僚政治专横。

为了在防止战争的同时也维护自由，全世界应该只有一个

① 英国议会所在地。——译者

军事国家。当国家之间发生争端时，这个军事国家应该按照一个中立机构的决定行事。若果真如此，这自然就是一个世界联合会产生的结果。但这番前景颇为遥远，并且值得考虑一下为何会如此遥远。

一个国家的统一，是由相似的习惯、本能的爱好、共同的历史和共同的自豪感促成的。一个国家的统一，部分是因为其公民之间的内在亲和性，部分是因为外界的压力和反差：如果一个国家被孤立，它就不会有同样的凝聚力或同样的爱国热情。当我们结成国家联盟时，除了外部压力，很少有别的什么能让我们产生团结。在某种程度上，常常使英国和美国团结起来的原因也同样把它们吸引到一起：一种（或多或少）共同的语言、相似的政治制度以及国际政治中相似的目标。但是英、法、俄三国之所以团结起来，完全是因为对德国的恐惧；如果德国被一场自然灾难所灭，它们就会立即开始互相仇恨，就像在德国强大之前那样。因此，并不能因为在目前的反德联盟中进行合作的这种可能性，就以为可以希望世界上所有国家都能在一个和平联盟中永久合作。形成凝聚力的当前动机，即一种是共同的恐惧，早晚会不复存在，并且不能被任何其他动机取代，除非人们的思想和目的与现在大不相同。

战争所产生的最终事实不是经济或政治上的，也不取决于创造和平解决国际争端的手段的任何机制性困难。战争所产生的最终事实是：相当一部分人有与人冲突而不是和平共处的冲动，只有在抵抗或打击共同敌人时才可能与他人合作。私人生活如此，国家关系亦是如此。大多数人在觉得自己足够强大时就努力让自己被人害怕而不是被爱；想要获得别人好感的愿望，通常只限于那些没有获得稳固权力的人。大部分人生来就有吵架、坚持己见的冲动，尽管被人反对，也乐在其中。正是这种冲动而非任何刻意谋取私利的动机引发了战争，导致了一个世界国家的建立困难重重。这种冲动并不局限于一国，它在不同程度上存在于全世界所有充满活力的国家。

但是，这种冲动再怎么强烈，也没理由允许它导致战争。正是这种冲动导致了决斗；然而现在文明人解决个人恩怨时也不用流血。如果一个世界国家内的政治竞争被战争取代，想象就会很快适应新形势，因为它已经习惯于不决斗。通过制度和习惯的影响，在人性没有任何根本改变的情况下，当人们看到焚烧异教徒或者以活人献祭异教徒的神时会学着回顾战争。如果我花几英镑去买把左轮手枪，为了从我朋友口袋里偷走 6 便士而打算向他开枪，我在别人看来就是既不聪明又不道德的。但如果我能让 6500 万人跟我一起参与这荒唐的罪行，我就变成了一个伟大而光荣的国家的一分子，英勇地牺牲我的手枪甚至性命，为的是确保这 6 便士能成全国家的荣誉。历史学家几乎都是阿谀奉承者，若我和我的同党成功了，他们便会称赞我们，说我们配做推翻罗马帝国强权的英雄的后代。但如果我们的对手胜了，且他们的 6 便士是以每个人很多英镑以及相当一部分人的生命为代价来捍卫的，那么历史学家会称我为土匪（虽然我是），并赞扬那些勇于反抗我的人的精神和自我牺牲意识。

战争被光环围绕，也被传统、荷马、《旧约》、早期教育、精心编织的阐述有关问题重要性的神话以及这些神话所揭示的英雄主义和自我牺牲等团团包围。耶弗他[①]是一个牺牲了自己女儿的英雄，但他如果没有为神话所欺骗，会让她活着。母亲们把儿子送上战场是英勇的，但她们和耶弗他一样受到了蒙骗。而且，在这两种情况下，如果作为神话起源的想象力视野中没有某种野蛮的张力，残酷议题中的英雄主义就会被消解。一个能因一名无辜少女的献祭而高兴的神，只能被那些认为接受这样一种牺牲并不完全令人憎恶的人所崇拜。一个相信其福祉只能靠遭受痛苦和造成数十万同样可怕的牺牲来保障的国家，对于是什么构成了国家的福祉并没有非常属灵的概念。舍弃物质享受、权力、浮华和外在的荣耀，总比杀戮与被杀、憎恨与被恨、盛怒之下摧毁时代的灿烂遗产要好百倍。我们已经渐渐学会把我们的上帝从远古以色列人和圣父赋予祂的野蛮残暴中解放出来：我们之中现在少有人相信祂乐于在永恒的地狱之火中折磨大多数人类。但是我们还没学会从古老的污点中解放我们的民族理想。对国家的奉献也许是当今时代最深刻、最

① 《圣经》人物，古代以色列人的一个首领，带领以色列人打败亚扪人。——译者

广泛的宗教。如同古代宗教，它也要求迫害、大屠杀、残忍的英雄主义行为；它也像古代宗教一样高贵、原始、残酷甚至疯狂。现在，和过去一样，宗教在传统的重压下，落后于个人良知，它让人们的心灵对抗仁慈，让人们的头脑对抗真理。如果要拯救世界，人们必须学会高尚而不是变得残忍，坚定信念并勇于接受真理，志存高远而不去憎恨那些试图阻挠他的人。但在这一切实现之前，人们必须首先面对一个可怕的事实：他们一直敬拜的神是虚假的神，他们所做的牺牲是徒劳的。

## 四、财产

在现实主义派众多阴郁的小说家中，吉辛[①]可能是最阴郁的一位。一如他笔下的人物，他生活在巨大的压迫之下：一种既恐惧又崇拜金钱的力量。他的《夏娃的赎金》（*Eve's Ransom*）就是个典型，女主人公用各种不可告人的诡计甩掉了她所爱的穷人，为的是嫁给一个她更爱其财富的富人。穷人发现富人的财富比他的爱更能让她过得充实、幸福，于是认定她的选择是正确的，自己没钱就该受惩罚。在这个故事中，吉辛一如在他其他的作品中那样一语中的地阐述了金钱的实际支配权，以及它从绝大多数文明人那里获得的缺乏人情味的顶礼膜拜。

吉辛所述的事实不可否认，但他的态度令任何有着强烈的激情和支配欲的读者产生反感。他对金钱的崇拜与他内心受挫的意识密切相关。而在现代社会，总的来说，正是生活的腐朽推动了对物质商品的宗教化；而它反过来又加速了它赖以生存的生活的腐朽。崇尚金钱之人已经不再希望通过自己的努力或者自己的行动获得幸福：他把幸福视为对来自外部世界的快乐的被动享受。艺术家或恋人在激情燃烧的那一刻对金钱不感兴趣，因为他的欲望已明确，并指向了只有他能创造的东西。相反，拜金者永远无法获得艺术家那般的成就或者恋人那般的满足。

自打有了人类，拜金就受到道德家的谴责。我不想再加指责，况且这些谴责在过去也并不见成效。我想说明的是拜金是如何影响和削弱生命活力的，以及为了使拜金越来越少、大众的总体活力越来越强，我们的制度可以做出怎样的改变。问题不在于对金钱的渴望，而在于金钱成了实现一种确定目的的手段。一个拼命工作的艺术家可能为了有闲暇投入创作而渴望金钱，但这种欲望是有限的，只要一个很小的数目便可完全满足。我想讨论的是对金钱的崇拜：相信所有的价值都可以用金钱来衡量，认为金钱是人生成功的终极标尺。事实上，这种信念——如果不是嘴上说说——被众多男女所信奉，但它并不符合人性，因为它忽视了生命力的需要以及对某些特定类型的成长的本能趋向。它使人们把那些与获得金钱背道而驰的欲望视

---

① George Gissing，英国 19 世纪小说家，他的小说以描写下层社会生活和文坛人物著称。——译者

为无关紧要的，然而，对幸福而言，这些欲望通常比收入的任何增长都更重要。它导致人们根据一个错误的成功理论抹杀了自己的本性，并钦佩那些对人类福祉毫无帮助的事业。它促进了性格与目标死气沉沉地保持一致，削减了生活的乐趣，提升了压力和紧张，使整个社会感到疲惫、沮丧、失望。

美国是西方进步的先驱，很多人认为它是展示金钱崇拜的最佳典范。一个富有的美国人已有足够的钱满足一切合理的需求，却几乎总是勤勉地继续他的办公室工作，这种勤勉只有在不工作就不得食的情况下才是可以原谅的。

但英国，除了一小部分人，几乎和美国一样都加入了对金钱的崇拜。对金钱的热爱在英国通常表现为虚荣地渴望保持一定的社会地位，而不是力争收入无限增长。男人推迟结婚，直到赚得足够的钱使他们能在自己的房子里有尽可能多的房间和佣人，因为感觉这才体现他们的尊贵。这使得他们在年轻时必须时刻留意自己的感情，以免导致轻率之举：他们养成了谨慎的思维习惯，害怕“对自己不利”，那会让自由而充满活力的生活越来越远。在行动上他们想象自己是有道德的，因为他们会觉得对一个女人来说，被要求去屈就一个比她父母低的社会地位是天大的不幸，而对自己来说，娶一个门不当户不对的女人简直是奇耻大辱。相比金钱，大自然的东西没有价值。一个男人在多年明智地克制或与他不尊重的女性的龌龊关系中丧失了经营情感的能力，人们认为要接受这样一个男人谨慎而有限的关注（作为她唯一的爱情经历）对一个女人来说并不困难。这个女人自己不知道这是个苦差，因为她也被教导要谨慎行事以免在社会等级中下降；从年少时起她就已经对自己灌输了这一点，而这种强烈的感情是不会让她像一个年轻女子那般行事的。于是，这两人在对所有值得知道的事情一无所知的情况下结合并度过一生。他们的先祖没有被地狱之火的恐惧所束缚，却被一种更可怕的恐惧极大地抑制了，那就是担心沦落到社会下层。

导致男性晚婚的动机也会导致他们限制家人。职业男性希望送他们的儿子进公立学校，尽管孩子们将接受的教育并不比在文法学校（a grammar school）的好，而且与之交往的同伴也顽劣不堪。但势利心已使他们坚信公立学校是最好的，而且既已决定就不容更改。在他们看来，最昂贵的东西会使得他们成为最好的。同样的社会奋斗，以不同形式贯穿于社会各阶层，最高层与最底层除外。因此，所有人在道德上下了很大工夫，展现了惊人的自制力；但他们所有的努力与自制力并没有被用于任何创造性目的，而仅仅是为了榨干他们心中美好的生命之泉，使他们变得虚弱无力、无精打采甚而微不足道。这样的土壤是培养不出天才所需的那种激情的。人的灵魂将旷野变成了客厅：他们变得狭隘、小器、畸形，像中国女人的脚一样。甚而战争的恐怖也很难把他们从受尊敬的自鸣得意的梦游状态中唤醒。主要是对金钱的崇拜带来了令人变得伟大的这种死一般的沉睡。

在法国，拜金采取的是节俭的形式。想在法国发财并不容易，但继承的本事谁都有，而且在它存在的地方，生活的主要意义就是抓好它，就算不能发扬光大，也不能让它失传。法国的吃息族[①]是国际政治中的一支巨大力量：正因为他们增加了法国资本的供应，减少了可以上战场的法国男人数量，法国才在外交上得到加强，在战争中受到削弱。为女儿提供嫁妆的必要性以及继承法对财产的分割，使法国家庭作为一个机构比任何其他文明国家的家庭都强大。为了家庭的繁荣，它会维持小规模，个体成员往往为其牺牲。对延续香火的渴望使人胆怯且不愿冒险：只有在有组织的无产阶级身上，无畏的精神才能留存下来，掀起革命并在政治思想和政治实践中引领世界。在金钱的影响下，家庭的力量已经成为国家的弱点，它使人口稳定甚至趋于下降。对安全的同样的爱也开始在其他地方产生同样的效果；但在这方面，正如在许多更好的事情上一样，法国走在了前面。

在德国，拜金主义最近才出现，比在法国、英国和美国出现得晚；事实上，在法国—普鲁士战争结束前，它几乎不存在。但现在它已经被大家以同样的强度和全心全意接受了，这

① rentier，靠房地产租金和投资的股息生活的人，也译为食利者、年金收入者。——译者

已经成为德国信仰的标志。它很有特色，正如法国的拜金与家庭相关，德国的拜金与国家相关。李斯特故意跟英国经济学家对着干，教他的同胞从国家的角度来看待经济，而开发一桩生意的德国人在他自己以及在其他人看来是正在为国效力。德国人认为英国了不起是因为工业化和帝国体系，认为我们的成功是基于强烈的民族主义。他们认为我们的自由贸易政策中显露的国际主义纯粹是种虚伪。他们让自己去模仿他们所以为的我们的本来面目，只略去了虚伪。必须承认他们的成功是惊人的。但在这个过程中，他们几乎毁掉了使德国对世界有价值的一切东西，而且没有接纳我们身上可能存在的任何好东西，因为这一切都在对“虚伪”的大规模谴责中被抹去了。在将我们最糟糕的错误纳为己用时，他们通过一种体系、一种彻底性和一种我们很高兴自己无法做到的一致性使这些错误变得更糟。德国的宗教对全世界极其重要，因为德国人有真正的信仰力量，且有能力获得他们的信条所要求的美德与恶行。为了世界，也为了德国，我们必须希望他们很快会放弃对财富的崇拜，这是他们不幸从我们这儿学到的。

拜金主义并不算什么新鲜事，但它比以前更有害，原因有好几个。工业主义使工作变得令人厌烦和紧张，不那么能给为了钱而工作的人带来快乐和兴趣。限制家庭发展的力量也为厉行节俭开辟了新地带。教育和自律的普遍加强使人们更能不顾诱惑，始终如一地追求一个目标，而当目标与生活背道而驰时，随着那些接受它的人的坚韧程度的一次次提高，它就会变得更具破坏性。工业主义带来了生产力的提高，使我们能够将更多的劳动力和资本投入到海陆军上，以保护我们的财富不被艳羡于此的邻国夺去，并用于剥削被资本主义制度无情丢弃的劣等种族。因为害怕失去金钱，深思熟虑和焦虑不安吞噬了人们创造幸福的力量，对不幸的畏惧变成了比那个令人畏惧之物更大的不幸。我们都可以以自己的经验证明，最幸福的男女是那些不在乎金钱的人，因为他们有能让他们置金钱于不顾的积极目标。然而，我们所有的政治思想，无论是帝国主义的、激进的还是社会主义的，仍然几乎只停留在人们的经济欲望上，似乎只有它们才是真正重要的。

在判断一个工业体系时，无论是我们所处的体系还是改革者提出的体系，有 4 个主要的标尺可以采用。我们可以看它是否确保了（1）生产的最大化，或（2）分配的公正；或（3）它是生产者可以容忍的一种存在；或（4）给予活力和进步最大可能的自由与刺激。广义上，我们可以说，现行体制只针对第一点，而社会主义只针对第二点与第三点。现行制度的一些捍卫者争辩说，技术进步在私营企业那里比起工业掌握在国家手里时更能得到推动；从这个意义上，他们认可我们列举的第四点。但他们只认识到商品与资本家的一面，没有认识到工薪阶层的一面。我认为第四点是最重要的目标，而现行体系对它是致命的，正统社会主义可能也会被证明同样致命。

资本主义制度中受质疑最小的一个假设是，生产应通过每一种可能的手段来提高：使用各种新型机械；雇佣妇女与男孩；只要与生产效率相适应，就尽可能延长工时。中非土著习惯生吃地里长出的水果、分发衣服，即使曼彻斯特纺织业再发达对他们也没用；但为了支付棚屋税他们只能在欧洲资本家手下工作。人们承认，当他们不受欧洲影响时是非常幸福的，而工业化带给他们的不仅是非同寻常的失去自由的痛苦，还有白人已经部分免疫的疾病造成的死亡。人们承认，最好的黑人工人是那些“原始土著”，刚从丛林出来，还没被挣过工资的经历所污染。然而，没人有足够的理由争辩说应该保护他们不受我们带来的恶化的影响，因为没人有足够的理由质疑不惜任何代价提高世界的产量不是件好事。

对生产之重要性的笃信具有狂热的非理性和冷酷无情。只要生产某种东西，生产出的是什么似乎无关紧要。我们整个经济体系都鼓励这种观点，因为对失业的恐惧使任何一种工作对工薪阶层来说都是一种恩惠。对提高生产的狂热已经让人们把更重要的问题远远抛开不去思考，并阻止了世界从劳动生产率的提高中获得它可能得到的好处。

当我们有衣有食、居有定所时，再需要更多的物质只是为了炫耀，或者满足对占有的贪欲，尽管这种贪欲出于本能，也许部分不可原谅，但并不令人敬佩。用现代方法，只需一定比例的人口而不必花太多时间，就可以完成生产商品所必需的全部工作。现在花在生产奢侈品上的时间，可以一部分用于享乐和乡村度假，一部分用于更好的教育，一部分用于非体力劳动或辅助性的体力工作。如果我们愿意，我们可以拥有更多的科学与艺术，更普及的知识和心智培养，让工薪阶层有更多的闲暇，更有能力去发展智识上的愉悦。目前，不仅工资，几乎所有的收入都只能通过工时比人们应该工作的时间长得多来获得。一个靠努力工作一年挣800镑的人，通常用一半的工作量换不来400镑年薪。如果他不愿意几乎每天都工作一整天，他可能往往什么也挣不到。由于过分相信生产的价值，人们认为长时间工作是正确且合理的，而短时间工作可能带来的好处却没有被人意识到。工业体系的种种残酷，不仅欧洲有，热带地区甚至更多，而它们只是偶尔引起少数慈善家微弱的抗议。这是因为，由于我们目前的经济手段所造成的扭曲，在这些问题上，人们有意识的欲望只涵盖了受工业劳动影响的真实需要的一小部分，而不是最重要的部分。想要纠正这种情况，就只能借助于一种不同的经济体系，其中，活动与需要的关系将不那么遮遮掩掩，而是更加直截了当。

如果我们当前的工业体系继续下去，从长远来看，生产最大化的目标是不可能实现的。我们目前的制度对人类物质文明的浪费，部分原因是损害了产业工人的健康与效率，特别是在雇用妇女和儿童的情况下，部分原因是最好的工人倾向于家庭人口少，而越文明的种族越有逐渐灭绝的危险。每个大城市都是种族退化的中心。就伦敦的情况而言，H. 卢埃林·史密斯爵士[①]用丰富详实的统计论证了这一点；在其他情况下它也同样正确，没那么容易被质疑。物质资源亦是如此：世界上的矿产、原始森林和新开发的麦田都在被肆无忌惮地挥霍浪费，这几乎必然让后代遭殃。

社会主义者看到了土地国有和资本国有的补救办法，以及更公正的分配制度。不可否认，无论从哪方面，甚至从司法角度看，我们现有的分配制度都是站不住脚的。我们的分配制度由法律规定，能够在许多方面发生变化，我们习以为常并将此视为自然的和不可避免的。我们可以区分出对私有财产的公认合法权利的 4 个主要来源：（1）一个人对自己创造的东西的权利；（2）对已借出资本的利息的权利；（3）土地所有权；（4）遗产继承。它们形成了有关体面的一种滚雪球般的趋势：资本比劳动更可敬，土地比资本更可敬，任何形式的财富在继承时都比通过自己的努力获得财富更可敬。

事实上，一个人生产自己劳动的权利只得到了法律非常有限的承认。早期的社会主义者，特别是英国的马克思主义先驱，曾坚持把这项权利作为公正的分配制度的基础，但在现代工业进程的复杂化中，不可能说清一个人到底生产了什么。铁路运输的货物中，应当有多少比例属于货物搬运工？当一个外

① Booth's "Life and Labour of the People," vol. iii.

科医生通过手术挽救了一个生命，这个人随后生产的商品中有多少比例是这个外科医生可以合理要求的？这样的问题是无法解答的。即使是可解答的，在允许每个人支配自己生产的东西时也没有什么特殊的公正。一些人总比其他人更强壮、健康和聪明，但没有理由因为法律的人为不公正而加重这些自然的不公正。这一原则一方面建议消除极富，另一方面鼓励人们努力工作。但这些目标中的第一个可以通过其他方式更好地实现，而第二个显然一旦我们停止拜金，它便不再是可取的了。

对于任何一个私有财产不受限制、偷窃受到惩罚的社会的兴趣都会自然而然地产生，因为一些最经济的生产过程十分缓慢，那些有能力完成这些工作的人在工作完成时可能生活没有着落。然而借钱的实力给了私人资本家如此巨大的财富与影响力，除非严格控制，否则它是不能与其他人的任何真正自由共存的。目前，无论是在工业界还是在国际政治中，它的影响都很糟糕，似乎迫切需要设计某种手段来遏制它的力量。

土地私有并无正当理由，除非是历史上通过武力获得。在封建时代初期，有些人军事上足够强大，能迫使他们不喜欢的人不在某地区生活。那些他们选择驱逐的人成了他们的农奴，被迫为他们工作，以换取恩准留下来。为了确立取代私人武力的法律，大体上，有必要使以武力获得的权利不受干扰。土地成为那些征服者的财产，农奴被允许出租以代替服务。土地私有并无正当理由，除非历史上有必要安抚那些无法无天的暴徒。这种必要性几个世纪前就在欧洲出现了，但在非洲，整个过程往往最近才开始。正是通过这一过程，就这么略加掩饰地，金伯利钻石矿区和兰德金矿区被拿走了，尽管当地人对此有优先权。这是人类惯性的一个独特例证，即人类似乎应该直到现在还在继续忍受一小部分人通过占有土地而施行的暴政和勒索。土地私有对社会没有好处，无论是哪种社会。如果人是理性的，他们就会下令明天让它终止，除了给目前所有者一笔中等的生活收入外，不做任何补偿。

仅仅废除租金并不能消除不公，因为它会给最好的土地及最肥的土地的占有者带来变化莫测的优势。租金有必要存在，但应支付给国家或某个提供公共服务的机构；或者，如果总租金超过为此目的所需的数额，则可拿去充当公共基金，并在人口中平均分配。这样的方法是公正的，不仅有助于减轻贫困，还能防止土地的浪费和当地巨头的暴政。许多以资本的力量之面目出现的，实际上是土地所有者的力量——例如，铁路公司和矿主的权力。现行制度的恶和不公是显而易见的，但人们对他们习以为常的可以预防的恶却那么有耐心，以至于不可能猜得出何时才能结束这种荒唐行径。

遗产继承是世界上大部分不劳而获的收入的源泉，被大多数人认为一项自然权利。有时，就像在英国，这项权利是财产所有者固有的，他可以用任何他认为好的方式来处置。有时，就像在法国，限制他权利的是家族对于他不得不放弃的东西有至少一部分的继承权。但无论是按遗嘱处置财产的权利，还是子女从父母那里继承财产的权利，都没有除了占有的本能和家庭自豪感之外的其他任何依据。也许有理由允许一个工作成果极其丰硕的人——比如一个发明家——享有比普通公民高的收入，但没有充分理由允许这种特权留给他的子孙后代，并永远传承下去。其结果将是造就了一个无所事事却无比幸运的阶级，他们通过自己的钱施加影响，并反对改革，因为害怕矛头会直指他们自己。他们的整个思维习惯变得胆怯，因为畏惧被迫承认自己的立场是站不住脚的；然而，他们的势利以及想保住自己的恩惠的愿望，几乎导致整个中产阶级都模仿他们的举止，采纳他们的意见。他们就这样成了毒药，侵染了几乎所有受过教育之人的世界观。

人们有时认为，没有遗产的激励，人就不会那么努力工作。我们确信，那些伟大的工业界领袖受到了建立一个家族的愿望的驱策，若非如此，他们不会终其一生坚持不懈地奋斗。我并不认为真正有用的工作有很大一部分是出于这个动机。做平凡的工作是为了生计，做最好的工作是出于对工作本身的兴趣。即使那些被认为（也许是他们自己，也许是其他人）旨在建立一个家族的工业领袖，也可能更出于对权力的热爱和大企业带来的冒险乐趣。如果所做的工作稍稍减少一些，为了摆脱那些游手好闲的富人，摆脱他们必然会带来的压迫、软弱和腐败，那倒是很值得的。

现行的分配制度并不建立在任何原则之上。从征服者强加的一种体系开始，这种征服者为自己的利益所做的安排通过法律形式定型，之后从未得到根本性地重建。如果重建应该基于什么原则呢？

社会主义制度是获得最广泛提倡的重建计划，其目标主要是公正：当下的财富不均是不公正的，而社会主义会予以消除。本质上，社会主义并不是所有的人都应该得到同样的收入，而是在每一种情况下，不平等都必须通过需求或服务的不平等来证明。现有体制极其不公，而且其中几乎所有的不公都是有害的，对此无可争议。但我不认为只有公正才是建立经济重建之基础的充分原则。如果所有人都同样不快乐或者同样快乐，公正就会得到保障。就公正本身而言，一旦实现就不会孕含新生事物。马克思主义革命的社会主义老一套，在想象中，从未考虑过千禧年来到之前的社会生活。他想象他们会像童话里的王子和公主一样，从此幸福地生活下去。但这不符合人性。欲望、活动、目标，对一个可容忍的生活来说是必不可少的，而千禧年，尽管看起来有一个美好的前景，但要是真的到来了将是不可容忍的。

更现代的社会主义者确实已经失去了作为先驱者之特征的宗教热情，将社会主义视为一种趋势而非一个明确的目标。但他们仍然保有一种看法，对一个人来说，最重要的政治问题是他的收入，而民主政治家的宗旨应该是提高劳动者的工资。我认为，这太过被动地包括了一个什么是幸福的概念。诚然，在工业世界，大部分人都太穷，不可能过上好日子；但随着贫穷的减少，好日子会自己到来这事并不是真的。目前，富裕阶层中很少有人过得好，或许社会主义只能用现在折磨富人的罪恶代替贫穷带来的罪恶。

在现有的工人运动中，有些倾向是改革者应该警惕的，虽然工人运动是变革的最重要来源之一。工人运动实质上是一场有利于正义的运动，其基础是相信现在不必为了少数人而牺牲多数人，无论过去的情况是怎样的。当工人的生产率、教育不那么普及时，贵族文明或许是唯一的可能：如果少数人要传播并增加世界在艺术、思想和文明生活方面的财富，那么多数人应该为少数人的生活做出贡献可能是必要的。但这种必要性已经过去或正在飞快消失，对公正的主张不再有任何有效的反对意见。工人运动在道德上是不可抗拒的，除了偏见和单纯的自我主张外，眼下并没有遭到强烈地反对。一切有生命的思想都站在它这边；而反对它的则是传统和死亡。然而，尽管它本身活的，但它会不会尽一切办法为生命而活还不确定。

劳工在当前的政治思想引导下朝着某些方向发展，这些方向在劳工取得胜利后如果还继续强劲势头，就会变得具有压制性和危险性。总的来说，工人运动的抱负遭到了绝大多数受过教育的阶层的反对，这些阶层感到了一种威胁，不仅或主要是对他们个人舒适生活的威胁，也是对他们所处的文明生活的威胁，而他们深信文明生活对世界至关重要。由于受过教育的阶层的反对，劳工在充满革命激情时往往轻视受教育阶层所代表的一切。工人越来越受尊重，就像其领袖在英国遇到的那样，受过教育之人微妙而几乎不知不觉的影响往往会削弱革命热情，制造出怀疑和不确定性而不是给出迅速且简单的保证，让人以为可能会赢得胜利。富裕阶层中的最优秀之人同情劳工，他们非常愿意承认劳工的主张是公正的，这可能会软化工人领袖对现状的反对，并使其敞开心扉接受建议，即不进行根本性变革是可能的。由于这些影响对领导者的作用要远大于对普通人的，它们往往会在普通人之中制造对领导者的不信任以及一种寻找不太愿意承认更富有阶层的主张的新领导者的欲望。最终的结果也许是工人运动对精神生活满怀敌意，就像一些担惊受怕的有产者对目前的看法一样。

狭义地说，对公正的主张可能会强化这一趋势。一些人比另一些人收入高或者工作时间短，这可能被认为是不公平的。但是，脑力劳动的效率，包括教育工作，当然比体力劳动的效率需要更多的舒适和更长的休息时间，如果单就脑力劳动从生理学上讲并不有益健康而言。如果没有意识到这点，脑力生活可能会饱受短视之苦更甚于饱受蓄意的敌意之苦。

由于父母希望孩子尽快去挣钱，目前教育受到侵害，而且可能长期持续受损。例如，每个人都知道半全日制教育不好；但有组织的劳工力量使其得以存在。显然，对于那些关心人口问题的人而言，消除这一不良现象的办法是免除父母在子女教育上的花费，同时剥夺父母对子女收入的支配权。

要防止劳动与脑力生活出现任何危险的对立，其方法并不是反对工人运动，因为它太强大了，无法以公正之名来反对。正确的做法是，要用实践证明思想于工人有益，没有思想，其积极目标就不可能实现，而思想界有人愿意把精力投入到帮助工人去斗争的事业中。这样的人，如果他们是聪明和真诚的，就能防止劳动变得对存活于智识世界中的东西具有破坏性。

有组织劳动的目标的另一个危险之处，是生产方式的保守主义。机器或组织的改进给雇主带来了巨大的好处，但也给工薪阶层带来了暂时的、有时甚至是永久的损失。出于这个原因，以及仅仅是对习惯改变的本能厌恶，强大的劳工组织往往是技术进步的障碍。一切社会进步的最终依据必定是技术效率的提高，一定数量的劳动产生的更大结果。如果工人对这种进步的反对是奏效的，那么从长远来讲它会令其他所有的进步陷于瘫痪。克服对劳动的反对，不是靠与之为敌或道德说教，而是靠把经济过程中现在属于雇主的直接利益给予劳工。在这里，就跟在其他地方一样，一个本质上是进步的运动中不进步的部分将被清除，不是通过谴责整个运动，而是通过给它一个更广泛的范围，使它更进步，并引导它要求对社会结构进行比它在成立之初所设想的一切都更大的改变。

政治制度所能达到的最重要的目的是保持个体的创造性、精力、活力以及生活的乐趣。这些东西在比如伊丽莎白时代的英国以一种如今不复存在的方式存在着。它们激发了探险、诗歌、音乐、精美的建筑，并发动了英国的伟大之处在英国曾经伟大的各方面都涌现出来的整个运动。这些东西与不公共存，但有过之而无不及，而且使一个国家的生活比任何可能存在于社会主义下的生活都更令人钦佩。

让人们保持活力，需要的是机会而不是安稳。安全只是为了躲避恐惧；机会才是希望的源泉。对一个经济体系的主要考验，不是它是否使人富有，或是否确保分配公平（尽管这两者都非常令人向往），而是它是否让人本能的成长畅通无阻。要实现这一目标，它应该满足两个主要条件：不应禁锢人们的私人情感，应给创造的冲动尽可能多的表现机会。大多数人身上都有一种建设性的本能，一种想做出什么的渴望，直至因被废弃而萎缩。通常，成就最大的人是这种本能最强烈的人：这些人，根据不同的性情和机遇，会成为艺术家、科学家、政治家或帝国的建设者、工业巨头。最有益和最有害的职业生涯都是由这种冲动激发出来的。没有它，世界将降到西藏的水平：它将一如既往地靠祖先的智慧生存，每一代人都将更深地陷入一种毫无生气的传统主义。

然而，并非只有那些杰出之士才有建设性的本能，尽管他们的建设能力确实最强。它在男孩们的身上普遍存在，在男人身上则通常根据它所能找到的或多或少的出路而不同程度地存活下来。受这种本能启发的工作是令人满意的，即使在它令人讨厌并且棘手时；因为每一份努力都是自然而然的，就像狗追逐野兔一样。当前资本主义制度的主要缺陷在于，为工资而工作很少能为创造性冲动提供任何出路。为工资而工作之人对于自己该做什么别无选择：整个过程的创造性集中在下令完成工作的雇主身上。因此，工作仅仅成为一种获得某种结果——挣到工资——的外部手段。雇主对工会关于限制产量的规定感到愤慨，但他们无权愤慨，因为他们不允许他们雇用的工人知道自己为之工作的目的何在。因此，本应形成一个本能循环的生产过程被分成几个不同的目的，而这些目的再也不能为那些从事这项工作的人提供任何本能的满足。

这种结果是我们的工业体系造成的，但国家社会主义并不能避开这一点。在社会主义社会，国家是雇主，劳动者个体对自己的工作几乎就和现在一样没有什么控制力。他所能进行的控制是间接的，是通过政治渠道，而且过于轻微和迂回，无法提供任何可观的满足。令人担心的是自我引导没有增加，相互干涉却增加了。

马克思主义社会主义要求彻底废除资本主义私营企业，这似乎是没必要的。大多数构建全面改革体系的人，和大多数捍卫现状的人一样，对例外的重要性和僵化体系的不可抗拒性的考虑不足。假如资本主义的范围受到了限制，并且有很大一部分人从其统治下获救，就没有理由希望它被彻底废除。作为竞争者和对手，它可能有助于防止更多民主企业陷入懒惰和技术保守主义。但最重要的是，资本主义应该变成例外而非常规，且世界工业的大部分应该在一个更加民主的体系下进行。

在国家里反对军国主义的许多言论，也可以用于在经济领域反对资本主义。为追求效率，经济组织的规模越变越大，这一过程不可逆转。它们发展的原因是技术性的，而大型经济组织必须被接受为文明社会的重要组成部分。但它们的政府没有理由实行集中化和君主专制。现有经济体系通过剥夺大多数人的主动性，成了导致普遍厌倦的原因之一，这种厌倦使城市人口和工业人口失去活力，使他们不断寻求刺激，甚至欢迎战争的爆发，以此来缓解他们日常生活的单调乏味。

如果要保持民族的活力，保留新思想的创造力，不至于陷入一种中国式的僵化状态，就必须清除君主专制式的工业组织。所有大企业都必须在其政府中变成民主的联合的组织。整个工资收入体系令人憎恶，不仅因为它造成和延续了社会不公，而且因为它将从事工作的人和从事工作的目的分割开来。整个的控制目的集中在资本家身上；工薪阶层的目的不是生产，而是挣工资。资本家的目的是用最少的工资获得最大化的工作；工薪阶层的目的是用最少的工作确保最大化的工资。一个包含了这种根本利益冲突的体系，不可能期望它顺利或成功运作，或产生一个以效率为荣的共同体。

有这样两个运动，一个已经很先进，另一个还在初级阶段，它们似乎能影响人们所需的大部分东西。我所指的两个运动是合作运动和工团主义。合作运动能够在一个非常广泛的领域内取代工资制度，但要看出它是如何被应用于像铁路这样的领域并不容易。而在这些情况下，工团主义的原则最容易适用。

如果组织不是为了压制个性，那它的成员资格应当是自愿的而非强制性的，并且应当在管理中始终拥有发言权。经济组织不是这样的，它不会给人们机会在自己选择的活动中——假如这种活动不是全然单调的——感到自豪和快乐。

然而，必须承认，工业中必不可少的许多机械工作本身可能无法引起人们的兴趣，但如果那些从事这样工作的人在他们的企业管理中有发言权的话，它看起来就不会那么乏味了。而那些渴望有闲暇时间从事其他职业的人，或许得到了在一天中的几小时里以低工资从事无聊工作的机会；这将使所有希望从事工作而无需有立竿见影的好处的人都有了机会。当尽一切可能使工作变得有趣时，余下的工作就必须在劳动时间之外以奖掖来使它变得可以忍受，一如当下几乎所有的工作。但是，如果这些奖励是令人满意的——无趣的工作也不必耗去一个人的全部精力——那么在余下的时间里，应该有或多或少连续活动的机会。这样的体制或许是不可估量的恩惠，不仅对艺术家、文人墨客，也对其他一些制造出了让自己满意的作品但公众的认可来得不会太快，不足以保证其生活无虞的人；除了这种相当罕见的情况外，它还可能为有智识抱负的青年男女提供一个机会，让他们在毕业后继续接受教育，或者让他们为需要特别长时间培训的职业做好准备。

现行体制的弊端是消费者、生产者和资本家三者利益割裂的结果。这三者中没有一个与社会或其他两者有相同的利益。合作体制将消费者和资本家的利益合在一起；工团主义则把生产者和资本家的利益合在一起。但既不能把这三者合起来，又不能使指挥工业的人的利益与社会的利益完全一致。因此，这两者都不能完全防止工业冲突，也不能取消国家作为仲裁者的需要。但这两者中的任何一种都比现在的体制好，兴许两者的结合可能会治愈工业主义现有的大部分弊端。令人惊讶的是，尽管男人和女人都在努力实现政治民主，但在将民主引入工业方面却做得很少。我相信，工业民主可能会带来不可估量的收益，无论是以合作模式，还是在承认贸易或工业是服务于政府目的的一个单位的情况下，以及诸如工团主义旨在确保的某种形式的地方自治的情况下。没有理由所有的政府单位都应是地域性的：过去因为通讯工具的迟缓，这种体制是必要的，但如今不需要了。通过这样的体制，许多人可能会再次对自己的工作感到自豪，并再次为创造性的冲动找到出路，这种冲动现在只有少数幸运的人拥有，其他人都被剥夺了。这种制度要求废除地主、限制资本家，但并不要求收入平等。与社会主义不同的是，它不是一个静态的或终极的体制，而只不过是一个为能量和主动性设的框架。我相信，只有通过这样的方法，个体的自由发展才能与工业主义所需的庞大技术组织相协调。

# 五、教育

没有哪个政治理论是充分的，除非它适用于儿童和男女。理论家大多没有孩子，如果有，他们会仔细筛选，以免孩子受青春躁动可能造成的干扰。他们中的一些人写过关于教育的书，但在著书时，他们通常没有任何真正的孩子出现在他们脑海中。那些对孩子有一定了解的教育理论家，如幼儿园及蒙台梭利体系[①]的发明者，对教育的终极目标的认识并不总是足以成功地应对先进的教育。我既不懂孩子，也不懂教育，无法指出别人著作中可能存在的缺陷。但是，有些问题从教育作为一种政治制度的角度看，关乎社会重建的希望，而教育理论的作者常常不会予以考虑。而这些问题正是我想讨论的。

教育在塑造性格、形成观点方面的力量非常巨大，并得到了广泛而普遍的认可。家长和教师的真正信仰——虽然通常不是其宣之于口的戒律——几乎是在不知不觉间被大多数孩子获得；即使他们在以后的生活中背离了这些信仰，其中一些依旧会深植心中，随时准备在压力和危机来临之际出现。通常来说，教育是站在现存的反对彻底变革一边的最强大的力量：受到威胁的制度此时仍然强大，这些制度拥有自己的教育机器，并向那些易受影响的年轻人的头脑里灌输对它们的卓越之处的尊重。改革者则试图将对手赶下它们的有利位置。任何一方都没有考虑孩子本身；他们只是被招入一方或另一方队伍中的众多物料。如果考虑到孩子本身，教育的目的将不是使他们属于这一派或那一派，而是让他们在两派中做出明智的选择；教育的目的将是让他们能够思考，而不是按老师的想法来思考。如果我们尊重儿童的权利，教育就不会成为政治武器。如果我们尊重儿童的权利，就应该教育他们，使他们获得形成独立意见所需的知识和心理习惯；但作为一种政治制度的教育则努力以一种一系列观点是必不可免的方式来塑造习惯、限制知识。

公平和自由这两项原则涵盖了社会重建所需的诸多方面，但在教育领域仅有这两项原则是不够的。公平，从字面意思权利平等来讲，显然不是完全可能在儿童身上实现的。至于自由，首先它本质上是消极的：它谴责一切可避免的对自由的干

---

① 关于幼儿的教育，蒙台梭利夫人的方法在我看来充满了智慧。

涉，而没有给出积极的构建原则。但教育本质上是建设性的，需要对美好生活是什么构成的有一些积极的设想。尽管自由在教育中应受到与教导同等程度的尊重，尽管在不用减少教导的情况下可以允许有比传统多得多的自由；但很显然，只要教给儿童任何东西，就不可避免地会有一些偏离完全自由的情况，除非是被孤立在较平凡的同龄人之外的那些异常聪慧的儿童。这就是老师肩负重任的原因之一：孩子们必须（也有必要）或多或少地听从长辈，不能按自己的好恶自行其是。权威在教育之中某种程度上是不可避免的，教育者必须根据自由精神找到行使权威的途径。

不可避免会有权威的地方，所需要的便是敬畏。一个受过真正良好教育的人，一个使年轻人得到完全地成长和发展的人，必须始终充满敬畏之情。对他人的敬畏，是鼓吹机器打造、钢铁般坚固的体系——军国主义、资本主义、费边科学组织（Fabian scientific organization）以及改革派和反动派试图强迫人的灵魂进入的其他一切监狱——的那些人所缺乏的。当教育规章制度由政府部门制定，班级庞大、课程一成不变、老师工作过量，而且决意培养一批死气沉沉的庸才时，这样的教育体制对孩子是普遍缺乏敬畏的。敬畏需要想象力和至关重要的热情；需要对那些最没有实际成就或者权力的人有极大的想象力。孩子是弱小的，且乍看之下蠢笨，老师则是强大的，且从日常意义上讲比孩子聪明。没有敬畏之心的老师或官僚容易因为孩子外在的弱势而轻视他们。他会认为“塑造”孩子是他的职责：他把自己想象成用黏土制陶的人。因此，他将孩子塑造成一些不太自然的形状，这些形状随着年纪的增长而定型，产生紧张和精神上的不满，由此滋生残忍和嫉妒，并且相信其他人也必须受到同样的扭曲。

有敬畏之心者不会把“塑造”年轻人当成自己的责任。他在所有生命，尤其是人类，特别是大部分孩子身上，都能感到某种神圣的、无法解释的、无限的东西，某种个别的、殊为珍贵的东西，不断成长的生命原则，世界上一个笨拙的奋斗的具体片段。比起许多父母和老师的轻松自信，在孩子面前，他会感到一种难以名状的谦卑，一种以任何理性原因都不易辩解的谦卑，但某种程度上更接近智慧。孩子显露出的无助和依赖令他意识到信任带来的责任。他的想象力向他展示了这个孩子可能会变成什么样，或变好或变坏，其冲动可能会如何发展或受挫，其希望必定会如何陷入黯淡而希望中的生活会越来越少，其信任会如何受到打击，而迅速升起的欲望将如何被沉思的意愿所取代。这一切都使他盼望帮助这个孩子去打自己的仗；他会武装这个孩子使之强大，并不是为了国家或任何其他非个人的权威提出的外部目标，而是为了孩子自己的精神正在默默寻求的目的。唯有怀有这种感觉的人才能在不侵犯自由原则的情况下行使教育者的权威。

由国家和教会以及对它们俯首帖耳的大机构所开展的教

育，不是本着敬畏精神的。在教育中所考虑的几乎从来就不是男孩或女孩、年轻男女，而是几乎一向以某种形式维持现有秩序。当考虑到个体时，几乎完全是为了世俗的成功——赚钱或者取得好地位。做平凡人，掌握出人头地的本领，是摆在年轻人面前供其参考的理想，只有极少数难得的老师除外，他们有足够的信仰力量去冲破这个期望他们为其效劳的体制。几乎所有的教育背后都有政治动机：它的目的是在某个群体与其他群体的竞争中壮大前者，它也许是民族群体、宗教群体，甚而是社会群体。正是这个动机大体决定了开设什么科目，教或者不教什么知识，也决定了学生应该养成什么样的心理习惯。而在促进心灵和精神的内在成长上却几乎没有采取任何措施；事实上，那些受过相当多教育的人在精神和心灵生活中往往是萎缩的，毫无冲劲，只有取代鲜活的思维的某些机械的能力。

教育所取得的某些成就，目前必须继续通过任何一个文明国家都在实行的教育来实现。所有的孩子都必须继续学习如何读写，其中一些必须继续获取诸如医学、法律或工程等行业所需的知识。科学和艺术所需的高等教育，对于那些适合学习它们的人而言是必要的。除了历史、宗教及此类事务外，实际的教学仅仅是不足的，不会带来积极的危害。这种教学可能会在更自由的精神下进行，会更不遗余力地展示其最终用途；当然，其中大部分是传统的和僵死的。但总的来说，这是必要的，而且必须成为任何教育体系的一部分。

正是在历史、宗教及其他有争议的学科中，实际教学才是产生积极危害的。这些学科涉及使学校得以维持的利益；而这些利益确保学校的存在是为了灌输对这些学科的某些看法。每个国家的历史教育都在夸大这个国家：孩子们学会相信自己的国家总是对的，几乎总是立于不败之地，它造就了几乎所有的伟人，并且在各个方面都胜过其他一切国家。因为这些念头是讨人喜欢的，就很容易被吸纳，而且很难被后来的知识从本能中驱除。

举个最简单不过的例子：滑铁卢战役的情况因其翔实的细节和精确的记载而为人所知；但是在英国、法国和德国，小学里教授的却大不相同。一般的英国男孩认为普鲁士人几乎没发挥任何作用；而一般的德国男孩认为在英勇的布吕歇尔力挽狂澜的那一天，威灵顿实际上已经败了。如果这两个国家都能照事实来教，民族自豪感不会被培养到同等程度，哪一方也不会在战争中如此确信自己必胜，参战的意愿也会随之下降。这样的结果正是国家想要避免的。每个国家都想促进民族自豪感，也都意识到这个靠不偏不倚的历史教育是办不到的。那些毫无防备的孩子受到的是被扭曲、压制、带有暗示性的教育。各国所教的关于世界历史的错误想法，是在助长冲突、使顽固的民族主义继续存在。要想国家间保持良好的关系，第一步应该是将所有历史教学提交给一个国际委员会，由其编写中立的教科书，免受现在世界各地所号召的爱国主义偏见的影响。[①]

宗教亦是同理。小学实际上总是掌握在某个宗教团体或对宗教有某种态度的国家机构手中。一个宗教团体因其成员都对真理不可确知的主题有某种确定的信仰而存在。宗教团体开办的学校，必须防止往往生性好问的年轻人发现这些确定的信仰遭到其他一些并非不讲理的人的反对，并发现许多最有资格判断的人都认为，没有充分的证据支持任何确定的信仰。当国家采取激进的世俗态度时，比如法国，公立学校就会变得和教会控制的那些学校一样教条（我明白法国的小学里为什么不允许提及“上帝”这个词）。这些例子的结果都一样：自由发问受阻，在世界上最重要的事情上，孩子遇上了教条和铁石心肠的沉默。

上述弊端并非只存在于初等教育中。在初等之上的教育中，这些弊端采取了更微妙的形式，再怎么试图隐藏，它们还是呈现了出来。伊顿公学和牛津大学在人们心中打上了某种烙印，耶稣会大学（Jesuit College）也是如此。很难说伊顿公学

---

① 比起扭曲儿童的思想之举，最近我们的影响已经有过之而无不及。孩子们要被组织起来成为无辜的工具，通过父母的影响对他们植入仇恨和残忍的思想。具体做法详见 *Teacher's world*，1917 年 9 月 5 日刊。在某天，每个上学的男孩女孩都要写信给一位正在来往的朋友。“信上必须给对方以诚挚的问候，打个真切有力的招呼。不能只是寒暄‘你好!’，而要说‘你快要成功了，我们为你自豪。我们会和你一起坚持到底，人人都会为你打气’等等。”“最重要的是，信必须写得自然……大孩子要自己完成，年龄小些的尽可能少求助他人。实在太小的孩子可以从老师写在黑板上的句子里抄一两行欢快的句子寄出去。”

和牛津大学有一个刻意的目标，但它们的确有一个规不规划都同样强大有效的目标。在几乎所有上过伊顿和牛津的人中，这两所学校都制造了一种对“好的形式”的崇拜，这种崇拜对生活和思想的破坏力堪比中世纪教会。“好的形式”与表面上的思想开明、愿意倾听各方意见以及待对手以某种温文尔雅是相当一致的。但它与思想开明的本质、与任何给对方以重视的内在准备都是不相容的。其实质是假设最重要的是某种行为，这种行为能将势均力敌者之间的摩擦减到最小，并精心地使低人一等者相信这两方的粗鄙。作为在势利的民主国家维护富人特权的政治武器，它是无法超越的。作为为那些没有强烈的信仰或不寻常的欲望的有钱人创造一个令人愉快的社会环境的一种手段，它有一些优点。但在别的方面，它是可憎的。

“好的形式”的弊端来自两方面：一是对自身正当性的完美保证，二是相信正确的举止比智力、艺术创作、生命力或世界上任何其他进步的源泉都更值得追求。完美的保证本身就足以摧毁拥有它的人的所有精神进步。当它与对棱角和尴尬的轻视结合在一起，而棱角与尴尬几乎总是与巨大的精神力量相联系时，它成为所有接触它的人的毁灭之源。“好的形式”本身是死的、不能发展的；通过它对那些没有它的人的态度，它把自己的死亡传给了许多本来可能有生命的人。它对富裕的英国人以及那些有能力使富裕之人注意到他们的人的伤害是不可估量的。

防止人们自由发问是不可避免的，只要教育的目的是造就信仰而不是思想，是迫使年轻人对可疑的事情持积极的态度而不是让他们看到疑点、鼓励他们独立思考。教育应该培养对真理的渴望，而不是相信某个特定的信条就是真理。但正是信条将人们在战斗组织——如教会、政府、政党——中团结起来。正是对信条的强烈信仰造就了战斗的效率：胜利属于那些对某些事有最坚定的信心的人，而在这些事上怀疑是唯一理性的态度。为产生这种强烈的信念和战斗的效率，孩子的天性遭到压抑并因此而被扭曲，阻碍了新思想的发展，自由的价值观被束缚。在那些思想不太活跃的人身上，其结果是无所不在的偏见；与此同时，少数思想不能被完全扼杀的人变得愤世嫉俗，对智识绝望，批判起来具有破坏性，能使所有活的东西看起来都愚不可及，却不能让自己产生他们在别人身上摧毁的那种创造性冲动。

通过压制思想自由而打的胜仗既短暂又毫无价值。从长远来看，精神的活力对成功和美好生活同样不可或缺。把教育的概念视为一种训练形式，一种通过奴性而产生一致性的手段，这种观念十分普遍，而为其辩护者主要以它能导向胜利为由。那些喜欢以古代史作比的人将指出斯巴达战胜了雅典，以此为他们的道德加码。但是有能力控制人们的思想和想象的是雅典而非斯巴达：我们中的任何人，如果能在过去的某个时代重生的话，都宁愿生为雅典人而非斯巴达人。在现代社会，处理实际事务时需要如此多的智慧，以至于即使是外在的胜利，也更可能是凭借智慧而非温顺赢得的。轻信的教育会迅速导致思想的衰退；只有自由探问的精神始终生生不息，必不可少的最低限度的进步才能实现。

从事教育工作的人通常会灌输这样的心理习惯：服从和纪律，在争取世俗成功的斗争中要冷酷无情，蔑视对立的群体，不加质疑地轻信，被动地接受老师的智慧。所有这些习惯都与生活相悖。我们应该以保持独立和冲动为目标，而不是服从命令、遵守纪律；教育应该努力在思想上发展正义，而不是冷酷无情；教育应该灌输敬畏、尝试理解，而不是轻视他人；对于他人的意见，它应该鼓励其产生，不必默认，只要有这样的反对再加上带有想象力的理解和对反对理由的清楚认识便可。与其轻信，不如激发建设性的怀疑，对冒险精神的热爱，以思想上的进取心和无畏征服世界的感觉。满足于现状，以及由于对思想的东西漠不关心而使学生个人服从于政治目的，是这些罪行的直接原因：但在这些原因背后还有一个更根本的原因，那就是教育被视为一种获得对学生行使权力的手段，而不是为他们的成长提供养分的途径。正是在这一点上，缺乏敬畏之心才显露了出来；而只有培养起更多的敬畏，才能进行根本性的改革。

如果要在课堂上保持秩序，如果要给予任何指导，服从和纪律是必不可少的。从某种程度上来说，这是对的；但是，这一程度远低于那些认为服从和纪律本身是可取的人所认为的程度。服从——即一个人的意志对外界的屈从——是权威的对等物。在某些情况下两者都是必要的。不听话的孩子、精神病人和罪犯可能都需要用到权威，也需要被强迫服从。然而，但凡有必要实施，那就是一种不幸：人们需要的是自由选择而无需进行干涉的目标。教育改革者已经证明，这比我们的父辈们所相信的可能性要大得多。[①]

使服从在学校显得有必要的，是虚假经济所要求的大班级和工作超负荷的老师。没有教学经验的人无法想象任何真正的生活指导所带来的精神消耗。他们认为可以合理地预期老师的工作时间像银行职员那么长。极度的疲劳和易怒的神经是这样做的结果，也是机械地完成一天工作的绝对必要条件。但是，除非严格服从，否则谁会机械地做事呢。

如果我们对教育是认真的，认为保持孩子们的思维活跃与确保战争的胜利同样重要，我们就应该以截然不同的方式实施教育：我们应该确保目标实现，即使付出百倍的代价。对许多男女来说，少量的教育是一种乐趣，它可以用一种鲜活的热情，并在能维持大多数学生的兴趣而不必以纪律约束的生活中完成。少数不感兴趣的人可以从中抽出来，采用不同的教学方

① 蒙台梭利夫人最大限度地减少服从和纪律以有助于教育，她所取得的成就简直是奇迹。

式。大多数情况下，教师应尽可能多地进行教学，带着从工作中体会到的真正愉悦，并意识到学生的心理需求。其结果是，师生之间的关系将是友好的而非互相敌视的，大多数学生会明白教育是在帮助他们发展自己的人生，而不单纯是外部强加的、阻止他们嬉戏并要求他们一动不动坐好几个小时的东西。为了达到这个目标，需要花很多的钱，以保证老师有更多的闲暇和对教育工作油然的热爱。

纪律，比如学校中的，很大程度上是个坏东西。有一种纪律对几乎所有成就而言是必要的，它或许没有被那些反对传统方法靠纯粹外在纪律约束的人所充分重视。理想的纪律是内在的，它存在于稳步追求一个遥远目标的力量，存在于漫漫征途上放弃和承受的许多事情中。这种纪律包括冲动对意志的服从，巨大的创造欲所指挥的一种行动的力量，即使是在创造欲没有跃跃欲试之时。没有这种纪律，任何郑重的抱负，无论好坏，都无法实现，始终如一的目标也无法起主导作用。这种纪律非常必要，但它只能由对无法立即达成的目的的强烈渴望而起，只能通过培养这种欲望的教育而产生，而目前的教育很少这样做。这样的纪律发自一个人本身的意志，而不是外部权威。它不是大多数学校所寻求的那种，也不是在我看来有害的那种。

尽管初等教育鼓励存在于消极服从中的不得人心的纪律，尽管现有的任何教育都很少鼓励始终如一的自我引导的道德纪律，但某种纯粹的精神纪律还是从传统的高等教育中产生了。我指的这种是能令一个人随心所欲地将其思想集中在其有机会思考的任何事情上，而不理会心之所忧、无聊或智识上的困难。这种品质，虽然没有重要的内在优点，却大大提高了思维作为一种工具的效率。正因如此，律师才能掌握专利案件的科学细节，这些一旦宣判他就会忘记；公务员才能快速处理接踵而来的许多不同的行政问题。正因如此，人们才能在工作时间抛却私事。在一个复杂的世界，对那些需要集中精神完成工作的人来说，这是一种非常必要的能力。

成功地培养出精神纪律是传统高等教育的主要优点。我怀疑除了以强迫或劝说人们积极重视一项规定的任务之外，它是否能实现。主要是因为这个原因，我不相信童年时代过去后，诸如蒙台梭利夫人的那些方法还适用。她的教学方法的精髓在于让孩子选择一种职业，所有职业都是有教育意义的，而每一种在大多数孩子看来都是有趣的。孩子的注意力是完全自发的，就像在嬉戏玩耍中一样；他喜欢以这种方式获取知识，而不去碰他不喜欢的任何知识。我相信对于低龄儿童来说，这是最好的教育方式：其实际结果也几乎不可能令人有不同想法。但很难看出来这种方法是如何通过意志控制注意力的。很多必须考虑的事情是无趣的，甚至一开始有趣的事，在被认为是必要的之前也往往变得非常令人厌烦。能投以长时间注意力的能力非常重要，但很难人人皆有，除非它最初是由外部压力引起的一种习惯。少数男孩确实有足够强烈的求知渴望，愿意以他们自己的主动性和自由意志经历一切必要的事情；但对于其他人来说，需要有外在的诱因才能让他们学透任一学科。在教育改革者中有一种对需要付出巨大努力的担忧，而在全世界，人们越来越不愿忍受无聊。这两种趋势皆有利弊。只要一个男孩的智识兴趣和志向能被充分激发，那么在精神纪律遭到破坏时，仅需予以忠告便可使之保持原状，不必施加外部强迫。一位好老师应该能为任何有能力取得诸多智识成就的孩子做到这一点；而对于其他大部分孩子来说，目前单纯的书本教育可能不是最佳选择。这样，只要意识到精神纪律的重要性，它就有可能达到，通过吸引学生意识到自己的需要，随时可以达到。只要老师们没被寄予以此方法获得成功的希望，他们就很容易堕入懒散迟钝的状态，并且在自己犯错时去责怪他们的学生。

只要社会的经济结构不变，那么经济斗争的冷酷无情将几乎不可避免地在学校里教授。中产阶级的学校尤为如此，此类学校能招到多少学生取决于家长的好评，因此学校会宣传学生的成功来确保家长的好评。这是国家的竞争性组织具有危害的诸多方式之一。年轻人中不乏对知识的自发、非功利的渴望，而且这些内心潜存的欲望很容易被激发出来。但是它被一心只想着考试、文凭和学位的老师毫不留情地抑制了。对于有天分的男孩，从踏入校门的那一刻起直到离开大学，都没时间去思考，没时间沉溺于智识上的趣味。自始至终，只是一份关于漫长的考试技巧和书本中的事实的苦差。最聪明的孩子到头来也厌恶学习，只想忘掉一切，逃进现实生活中。然而，即使在那里也就像往常一样，经济机器将他们囚禁于此，他们所有自发的欲望都被挫伤、遏制。

考试制度——以及教育主要被视为谋生手段的事实——导致年轻人从纯功利主义的角度看待知识，视知识为通往金钱的大道，而非通向智慧的大门。如果这单单影响到那些对智识并没有真正兴趣的人，那没什么大不了。然而不幸的是，它影响了大多数对智识有着最浓厚兴趣的人，因为考试对他们造成了最严重的压力。对他们中的大多数来说，但只是在某种程度上，教育似乎是一种获得超过他人的优越的手段；它被残酷无情和对社会不平等的美化所侵染。任何自由、无私的考量都表明，无论一个乌托邦中可能存在什么样的不平等，实际的不平等几乎都与正义背道而驰。但是，我们的教育制度倾向于对所有人隐瞒这一点，除了失败之外，因为那些成功者正在从不平等中获利，而指挥他们所受教育的人对此极力鼓励。

大多数男孩和女孩很容易被动地接受老师的智慧。它不需要努力进行独立思考，这看起来也很合理，因为老师比学生懂得多；而且，这也是讨老师欢心的方法，除非这位老师是个非常不随大流的人。然而，在以后的生活中，这种被动接受的习惯是个灾难。它使得人们去寻找领导者，并接受任何处在那个位置上的人的领导。它造就了教会、政府、政党党团以及所有其他组织的权力，普通民众被这些权力误导去支持那些对国家对他们自己有害的旧制度。可能独立思考不会有太多，就算教育极力宣扬；但肯定会比现在多。如果其目标是让学生思考，而不是让他们接受现成的结论，教育将会大有不同：教学的速度会降低，讨论会增多，鼓励学生表达自己想法的场合也会多起来，会更多地尝试让教育本身关注学生感兴趣的事。

最重要的是，将有一种努力唤起和激发对精神冒险的热爱。我们所生活的世界是丰富多彩、令人惊奇的：一些看似最为平常的事，越被人思考，就越变得困难重重；而另一些原本可能被认为不可能发现的东西，却被天分和勤奋弄了个水落石出。思索的力量——它可以控制广阔的范围，而更大的范围只能含糊地暗示给想象——给那些思想已经超越了日常生活羁绊的人一种惊人的丰富素材，一种逃避琐碎及循规蹈矩的无聊的方式，通过这种方式，整个生活充满了趣味，平庸的牢笼的围墙被推倒了。对冒险的爱同样把人类带到了南极，对力量进行终极试验的激情把人类引向了战争，同样也能在创造性思维中找到一个出口，它既不浪费，又不残忍，还能通过体现在生活中的一些人类精神正冲出未知世界的熠熠光辉来增加人类的尊严。将这份喜悦或多或少地传递给所有有能力的人是首要目的，对后者而言，对头脑的教育是值得珍视的。

人们会说，精神冒险的乐趣肯定极罕见，鲜有人能体会到，而寻常的教育也不会考虑这种如此贵族的一件好事。我不信。年轻人比成年男女更享受精神冒险的乐趣。它在孩子中间非常普遍，会在爱假想和幻想的年纪自然生长。但在之后的生活中变得少见，因为教育过程中的一切都是为了杀死它。人们惧怕思想，因为世上没有别的能比毁灭甚至死亡更可怕。思想是颠覆性的和革命性的，造成破坏且危害极大；思想对特权、既定制度和舒适的习惯是毫不怜悯的；思想是无政府的、无法无天的，对权威不屑一顾，对久经时代考验的智慧也不在乎。思想能直视地狱的深渊，无所畏惧。思想把人类看作一粒不起眼的尘埃，被深不可测的寂静包围；然而它却骄傲地支撑着自己，就像它是宇宙之王一样不为所动。思想是伟大、敏捷而自由的，是世界之光，是人类的主要荣耀。

然而，如果思想要为许多人所拥有，而非少数人的特权，我们就必然怀着担忧去行动。正是担忧让人们踟蹰不前——担忧他们所珍视的信仰会被证明是妄想，担忧他们生活的制度会被证明是有害的，担忧他们自己会证明他们比想象中更不值得尊重。“工人应该自由地考虑财产问题吗？那么我们这些富人会变成什么样？年轻男女应该自由地考虑性吗？那么道德会变成什么样？士兵应该自由地考虑战争吗？那么军队纪律会变成什么样？别想了！回到偏见的阴影中，以免危及财产、道德和战争！人最好是愚蠢、懒惰、受压制的，而不是思想自由的。因为如果他们思想自由，他们可能也不会如我们这般思考。无论如何必须不惜代价避免这种灾难。”因此，反对思想之人在他们无意识的内心深处这样斗争着。因此，他们在教堂、中小学、大学里也正是这样做的。

没有一个受担忧的启发而建立的制度能促进人类生活。人类事务中的创造性原则是希望，而非担忧。使人伟大的一切，都源于保住善的努力，而非源于为避免被认为是恶的东西的斗争。正是因为现代教育很少受到这么大的希望的鼓舞，所以很少取得大的成果。希望保留过去而非希望塑造未来，这种念头支配着那些掌控年轻人教育的人的思想。教育不应以消极地认识僵死的事实为目的，而应以我们努力创造的面向世界的积极活动为目的。它的灵感不应来自对希腊和文艺复兴时期已经绝迹之美的无比惋惜的追忆，而应来自对未来社会的光辉憧憬、对未来思想将取得的胜利的展望，以及对人类审视宇宙的视野不断拓展的畅想。那些受教于这种精神之人将充满生命力、希望、喜悦，能够担负他们的责任，带给人类一个不像过去那么阴郁的未来，并且对人类努力所能创造的荣耀充满信心。

## 六、婚姻与人口问题

在过去一百年里，基督教对日常生活的影响在整个欧洲急剧衰退。不仅名义上的信徒比例下降了，甚至在那些笃信信仰的强度和教条主义的人中的比例也大大减少了。但是，有一种社会制度仍然深受基督教传统的影响，我是指婚姻制度。有关婚姻的法律和公共舆论在很大程度上仍然受到教会教义的左右，教会继续以此影响着男女老幼生活中最隐私的事。

我想探讨的是作为一种政治制度的婚姻，而非作为每个个体的私德的婚姻。婚姻受法律的规范，被视为社会有权干涉之事。我想讨论的只是社会在婚姻方面的所作所为：目前的做法是否拓展了社会生活，如果没有，应以何种方式加以改变。

对于任何婚姻制度都可以提出两个问题：第一，它是如何影响有关男女的发展和性格的；第二，它对于后代繁衍及儿童的教育有何影响。这两个问题截然不同，当一个体系从这两个观点中的一个的角度来看是可取的，与此同时从另一个的角度来看可能极不可取。我建议首先描述一下英国目前在两性关系方面的法律、舆论和实践，然后考虑它们对儿童的影响，最后考虑如何通过一个对男性和女性的性格及发展有更好影响的体系来消除那些不良影响。

英国的法律是建立在大多数婚姻都是终生的这种期望之上的。只有当妻子或丈夫（但不是两者都）能被证明有通奸行为时，婚姻才可解除。如果丈夫为“过失方”，他也必须犯有虐待或遗弃罪。即使满足了这些条件，实际上也只有富人才离得起婚，因为离婚花费巨大。[①] 婚姻不能因精神错乱、犯罪、残暴行为（无论有多严重）、遗弃、双方与人通奸而解除；也不能因想要解除婚姻的夫妻双方都认可的任何原因而予以解除。在上述所有情形中，法律都把这些男女之间的纽带视为终生的。一旦出现串通、双方都有通奸行为的情况时，便有一位专职的官员，即王室讼监（King's Proctor），出面阻止他们离婚。[②]

---

① 有一项关于贫民诉讼（forma paupers）的规定，但是由于各种原因，这项规定几乎没有用处；最近制定了一项新的、稍好一点的规定，但仍远不及人意。

② 以下这封信（载于 *New Statesman*，12 月 4 日，1915）说明了他的行为的性质。

离婚与战争

——致《新政治家》的编辑

阁下，——下面几段故事也许会引起你的读者的兴趣。根据为伦敦穷人离婚提供的新便利，一个最近要同自己丈夫离婚的可怜女人收到了一份暂准判决，她要离婚是因为他经常将她打得青一块紫一块，还把危险的疾病传给了她，（转下页）

这个有趣的体系体现了英国国教大约 50 年前以及当时和现在大多数非国教教徒的观念。它所基于的假设是通奸有罪，当婚姻中的一方犯下此罪时——如果另一方富有——便有权报复。但如果双方都犯有此罪，或者未犯此罪的一方并不因为对方的通奸而怀有正当的愤怒，那报复之权也就不存在了。只要这一点明确了，那一开始看起来莫名其妙的法律就容易理解了。广义来讲，它基于 4 个命题：（1）婚外性行为有罪；

---

（接上页）并犯有重婚罪，跟别的女人有 10 个私生子。为了阻止判决最终生效，财政部至少从税收中拿出 200 英镑，向一位大律师和一位知名的初级律师做了简报，并从百里之外找来大约 10 名证人，指证该妇女在 1895 年至 1898 年期间举止轻浮，有通奸之嫌。最终结果很可能是该妇女因贫困潦倒而真的走上通奸之路，就疾病而言，这个男人便可以让他的情妇步他妻子的后尘，并逃脱惩罚。在任何一个文明国家，这段婚姻都应该解除，那些私生子也会因下一段婚姻而变成合法的，而财政部所聘的律师也不该从社会群体手中赚取如此高额的费用，而他们所做的一切在其他大多数律师看来起的作用是彻头彻尾反社会的。如果任何律师真的认为这类诉讼会造福社会，他们为什么不能像那可怜女人的律师一样分文不取呢？要是我们在战时力行节俭，王室讼监为何不能只找个初级律师呢？事实上，很多处于上述夫妇情形中的人不愿生下非婚生子，出生率也会相应降低。

另一个故事是这样的。A 先生因 A 夫人和 B 先生有染而被获准离婚。B 先生是已婚人士，B 夫人对离婚程序有所耳闻，得到了与 B 先生离婚的暂准判决。B 先生随时有义务到庭，但 B 夫人几个月来拒绝让判决生效，以致出于个人荣誉考虑不得不跟 A 夫人结婚的 B 先生无法如愿。该法律允许原告，无论男女哪一方，获得一份暂准判决，并且不让它对那些动机可疑的人生效。离婚法委员会强烈谴责这种状况，而且这一问题在战争时期大大加剧了，战争导致了许多重婚案件，因为我们的士兵有侠义之心，想为事实上的妻子和家庭获得国家的分居津贴。合法妻子也经常出于类似缘由而与另一个男人结合。鉴于你经常抱怨出生率下降，我建议你的专栏考虑这些事实。我国婚姻法的不公是造成这一问题的一个重要原因。

此致

E. S. P. 海尼斯

11 月 29 日

(2)“无辜的”一方对于通奸行为的怨恨出自对错误行为理所应当的震惊；(3) 单单他的怨恨——不说别的——可以被正确地认为共同生活已无可能；(4) 穷人没有权利拥有美好的感情。在高教会派[①]的影响下，英国国教已不再相信这些命题中的第三个，但仍然坚信第一个和第二个，也没有采取积极行动来表明它不相信第四个。

对违反婚姻法的处罚，部分是经济上的，但主要取决于民意。相当小的一部分人真心认为婚外性关系是邪恶的；相信这一点的人，自然会对那些有不同想法的朋友的行为一无所知，并且能在不知道别人如何生活或想些什么的情况下度过一生。这一小部分公众所认为的道德败坏不仅是行为，还有与其原则相反的观点。它能通过对选举产生的影响来左右政客的职业，通过主教的到场来控制上议院的投票。借由这些方式，它掌控了立法，使得婚姻法的任何修改都几乎不可能。它也能在大多数情况下确保公然违反婚姻法的男性被解雇，或因主顾和客户弃他而去而破产。如果被公开称为“不道德”的人，医生、律师、乡间小镇的商人就不能再以此为生，政客便进不了议会。无论一个人自己持身如何，他都不太可能为那些被打上烙印的人辩解，唯恐招来公愤。然而，只要一个人未被打上烙印，就很少有人反对他，哪怕他们私下里知道他在这方面的行为。

① High Church，英国圣公会中的一派，与罗马天主教最为相似。——译者

由于刑罚的性质，其落在不同职业的人身上是不平等的。演员或记者通常逃得了一切惩罚。城市工人也几乎总能随心所欲。一个有私人收入之人——除非想加入公共生活——只要选对了合适的朋友，根本无需受苦。以前女性承受的苦要比男性多，现在却少了，因为有了更大的圈子，里面没有社会惩罚，并且越来越多的女性不再受传统守则的禁锢。但对于大多数工人阶级以外的人来说，惩罚依然相当严厉，令人望而却步。

此种状况的结果是一种普遍但非常脆弱的伪善，它允许许多违法行为发生，并且只禁止那些必然会曝光的行为。男人可能不会与其妻子之外的女人公开同居，女人不能未婚先孕，夫妻任何一方都不得去法庭要求离婚。虽受此种限制，实践中则蕴含了极大的自由。正是这种实质的自由使法律的状态对于那些不接受法律所依据的原则的人来说似乎是可以容忍的。为了安抚持严苛观点之人，只得牺牲的不是乐趣，而是孩子和日常生活以及真理与诚实。不能假设这是那些想要维护法规的人想要的结果，但同样不可否认这是他们实际达成的结果。不生育子女并伴有一定欺骗的婚外情仍然不受惩罚，但坦言相告或育有子女者要受重罚。

在婚姻中，孩子的花费导致对家庭的限制不断变大。对那些最有为人父母的责任感、最想教育好孩子的人来说，这种限制最大，因为对他们而言，孩子的花费是最厉害的。不过，尽管制约家庭大小的经济动机迄今可能是最强烈的，但另一个因素也在不断强化。女性正在获得的自由——不仅是外在的和形式上的，也是内在的，使她们能真正地思考和感受，而非遵从现成的格言行事。那些自信地夸夸其谈女人天性的男人，如果意识到这一点的话定会大吃一惊。很多女性，当她们有足够自由来为自己考虑时，她们是不想要孩子的，或者为免错过孩子所带来的体验最多只要一个。有些智慧且思想活跃的女性，憎恨因为她们可以诞育子女而对她们身体的奴役。有些志向远大的女性，渴望一份事业以至于无暇生儿育女。有些女人喜欢享乐，有些女人贪图男人的爱慕；这样的女人至少会推迟生育，直到青春老去。所有这些阶层的女性人数正在迅速增加，可以肯定的是，在未来许多年里，这样的女性还会越来越多。

现在就妇女自由对于私人生活和国家生活的影响作出任何有信心的判断还为时过早。但我认为，对于看到它将与妇女运动先驱们所期望的效果大相径庭则并不是太早。男人们发明了一种过去常被女人接受的理论：女人是种族的守护者，她们的一生都以做母亲为中心，她们所有的本能和欲望也都有意无意地被引导到这一目的上。托尔斯泰笔下的娜塔莎便证明了这个理论：婚前她是个迷人、快活、易为热情冲昏头脑的姑娘，但婚后她成了一个贤惠的、没有任何精神生活的母亲。这个结果托尔斯泰是完全赞同的。必须承认，从国家角度来看，这是非常可取的，无论我们如何看待它与个人生活的关系。还必须承认，这可能在身强体健却不具备高度文明的女性身上比较常见。但是，这种情况在英、法这样的国家越来越稀少。越来越多的女性发现为人母并不能令人满意，不能满足她们的需求。她们的个人发展与社会未来之间的冲突日益增多。很难知晓应该采取什么措施来缓和这种冲突，但我认为，如果不加以缓和，看看它可能产生的影响也是值得的。

经济上的谨慎与女性的自由度上升相结合，目前呈现出一种非常单一的选择性出生率[①]。法国的人口实际上是稳定的，英国人口正迅速趋于稳定；这意味着一些部类的人口在减少，与此同时另一些部类的人口却在增加。除非发生变化，否则正在减少的部类将真的变成人口绝迹，而它的人口缺口将几乎完全由现在正在增加的部类的人口来填补[②]。人口正在减少的部类包括整个中产阶级和熟练工匠。而人口正在增加的部类都是些极为贫困、不思上进、醉生梦死及意志薄弱之人——尤其是意志薄弱的妇女，她们往往会非常多产。那些仍积极信奉天主教的部类的人口也增加了，比如爱尔兰人和布雷顿人，因为天主教禁止限制家庭规模。在人口逐渐减少的阶层中，最优秀的

---

① 在西德尼·韦伯先生1906年10月11日和16日写给《泰晤士报》的两封信中，提及了一些有趣的事实；关于这个问题也有一本费边主义者的小册子 *The Declining of Birth-Rate*。更多信息可见于 *The Declining Birth-Rate: Its National and International Significance*, by A. Newsholme, M.D., M.R.C.S (Cassell, 1911)。

② 死亡率下降，特别是婴儿死亡率的下降，是和出生率下降同时出现的，它到目前为止已经降到了足以使英国人口继续增加的程度。但死亡率下降有明显的限度，而出生率可能很容易下降到一定程度，这将使实际的人口数字减少不可避免。

分子减少得最快。能力超群的工人阶级子弟凭借奖学金进入专业人士阶层；他们自然渴望与自己通过受教育才加入的那个阶层联姻，而不是娶他们所出身阶层里的人；但是由于他们除了挣的薪水外别无其他收入，所以不能在年轻时娶妻，也无力负担一个大家庭。其结果是每一代人中，最优秀的人都从劳动阶级中被抽取出来，又因人为原因不想生育，至少与这个阶级中除他们之外的人相比是这样的。专业人士阶层中，有进取心、精力、智慧的女性通常不愿意在年轻时嫁人，一旦结婚也只会生一两个孩子。过去，婚姻是妇女唯一明显的谋生手段；来自父母的压力以及对成为老处女的恐惧，迫使很多女性在还完全没有承担为妻之责的意愿时就走进了婚姻。但是现在，普通智力的年轻女性也能轻松地养活自己并且获得自由和人生体验，又没有丈夫和孩子的永久纽带的羁绊。其结果是，即便她们想要结婚，也会选择晚婚。

基于这些原因，如果从英国人口中抽取一些普通孩子作为样本，测试他们的父母，就会发现谨慎、精力、智力、悟性在这些父母中不如在一般人群中常见；而不思进取、意志薄弱、愚钝、迷信则比在一般人群中常见。还会发现，那些谨慎或精力充沛、聪慧、开明之人实际上并不能使子女的数量达到他们的规模。也就是说，他们平均每个人的孩子都不超过两个。另一方面，那些品质与他们相反的人，平均每人却有两个以上的孩子，其数量将远超父母。

没有比目前应用的更广泛的遗传知识，就不可能估量这对于人口素质的影响。但是只要孩子继续与父母共同生活，父母的榜样作用和早期教育就会对他们的性格发展产生重大影响，即使我们抛开遗传因素不论。无论人们对天才是怎么想的，毫无疑问，智力——遗传的也好教育出的也罢——往往是家庭人员普遍有的，而家庭中普遍存在的衰败势必会降低人们的心理水平。似乎无可置疑的一点是，如果我们的经济体制和道德标准保持不变，未来两三代后，所有文明国家的人口素质将会迅速恶化，最文明国家的人口数量会有实际的减少。

数字的减少，很可能会通过消除当前导致低出生率的因素及时自我修正。仍然相信天主教信仰的男女会有生理上的优势；渐渐地，一个种族将成长起来，它不为各种理性的攻击所动，并依然故我地相信，对家庭人口的限制会招致地狱之火。有精神爱好，关心艺术、文学或政治，渴望事业、崇尚自由的女性会渐渐变得稀少，并越来越被一种平和、充满母性的女性取代，她们对家庭以外的世界不感兴趣，对母亲这个角色带来的负担也没有什么不喜欢。男性统治时代徒劳地努力实现的这一结果，很可能是妇女解放的最终结果，很可能是她们试图进入一个比过去男性因嫉妒而限制她们进入的范围更广阔领域的最终结果。

或许，如果能查明事实，就会发现类似的情况罗马帝国也发生过。人类社会在第二、第三、第四个世纪出现了精力和智力的衰退，这一直或多或少是个未解之谜。但是我们有理由认为，当时像现在一样，每一代人中最优秀的部分都没有孕育数量相当于他们的后代，而最不朝气蓬勃的人通常却将他们的种族延续了下去。人们可能不禁去想，文明——当它到达一定高度时——会变得不稳定，并由于某些固有弱点而趋于衰败，一些人无法使出于本能的生活适应高级文化时期的紧张精神生活。然而，这些模糊的理论总是有些浮夸和迷信的东西，以至于不值得作为科学解释或行动指南。要想找到真正的解决办法，靠的不是文绉绉的套话，而是详细复杂的思考。

让我们先弄清我们想要什么。人口增长并不是重点；相反，如果欧洲的人口保持稳定，促进经济改革和避免战争就会容易许多。现如今令人遗憾的不是出生率下降本身，而是人口中最优秀的部分下降幅度太大。不过，有理由担心在未来会有三个坏结果：第一，英、法、德人口数量的绝对减少；第二，这种下降导致他们被文明程度较低的种族征服，他们的传统也灭绝了；第三，在一代又一代没有智慧和远见之人的选择下，他们的人口在文明程度较低的地方复兴。如果我们要避免这样的结果，就必须以某种方式阻止目前对出生率的糟糕选择。

这个问题适用于整个西方文明。找到理论上的解决办法并不难，难就难在实践中说服人们采用这种解决办法。因为所担忧的结果并不是立竿见影的，而且这又是个人们不习惯用理性来思考的问题。如果采取合理的解决办法，其原因很可能是国际竞争。很明显，如果一个国家，比如说德国，采取了一种合理的办法来解决这个问题，它就会获得其他国家所没有的巨大优势，除非其他国家也这样做。战后，人口问题可能会比之前更引起关注，也有可能从国际竞争的角度来分析这个问题。与理性和人性不同，这种动机或许足以克服人们对以科学方法处理出生率的反对。

过去，在大多数时期和大多数社会中，男女的本能导致人口的出生率超过了足够的水平；马尔萨斯对人口问题的表述直到他写下来时都是正确的。对于野蛮和半开化的种族，以及文明种族中最恶劣的分子，这依然成立。但是对于西欧和美洲文明程度较高的那一半人口来说，这个理论已经变成了谬误。在他们当中，本能已不足以维持人口数字的平稳。

我们可以按重要性顺序总结原因如下：

1. 如果父母尽责的话，孩子是一笔很大的开销。

2. 越来越多的女性不想有孩子，或者只想有一两个孩子，以免自己的事业被妨碍。

3. 因为女性过多，许多女性依然未婚，这些女性虽然不会在现实中被禁止与男性发生关系，但被现实中的规则阻止生育。这个阶层中，有大量并且数量还在不断增加的女性成了打字员，在商店或其他地方谋生。这场战争向女性开放了许多以前把女性排除在外的岗位，而这种改变可能在某种程度上只是暂时的。

如果要阻止人口中最优秀的那部分人不生育的行为，首先也是最紧迫的是要消除阻碍家庭人口增长的经济动机。养育子女的费用应全部由社会承担。不仅应对穷人，也应对社会所有阶层的孩子提供衣食和教育，前者是慈善事业的一部分，后者则事关公共利益。此外，一个有能力挣钱的女性，如果为了做母亲而放弃挣钱，应尽可能从国家那里得到如果她没有孩子会得到的东西。对母亲与孩子的国家抚养所附加的唯一条件应是，父母双方的身心健康在所有方面都可能影响孩子。那些身心不健全的人不应被禁止生育，而应像目前一样，继续自行承担养育孩子的费用。

应该认识到，法律只是通过子女问题来处理婚姻问题，它应该对基于《圣经》的习俗和文本而不是基于对社会需要的任何真正考虑的所谓“道德”漠不关心。过量的那部分女性人口目前在各方面都被劝阻生育，这样的劝阻不应再继续。如果国家承担孩子的费用，它有权基于优生的理由知道父亲是谁，并要求在这种结合中保持一定的稳定。但是没有道理要求或期望一个家庭终身稳定，也没有道理在双方同意之外再对离婚提出的任何理由。这将使那些目前必须处于未婚状态的女性有可能生育，只要她们愿意。这样就可以避免巨大的不必要的浪费，以及许多不必要的不幸。

没有必要一下子开始这样一个体系。它或许可以暂时从某些殊为可取的社会部类开始。然后，根据第一次实施得出的经验，将这种体系逐步扩大。如果出生率就此大大提高，对优生条件的要求或许不妨制定得更严些。

当然，这样的计划会遇到各种实际困难：教会和传统道德拥护者的反对，对削弱父母之责任的担忧，还有费用问题。不过，所有这些或许都能克服。但在英国，还有一个困难似乎不可能完全克服，那就是整个理念是反民主的，因为它认为一些人优于另一些人，就会要求国家给予前者的孩子比其他人的孩子更好的教育。这与英国进步政治的所有原则背道而驰。因此，很难预料任何这种处理人口问题的措施都会在这个国家被完全采用。这样的事情在德国可能会做得很好，如果是这样，它将保证德国的霸权，而不仅仅是军事胜利。但在我们中间，我们只能希望看到它以某种局部的、零敲碎打的方式被采纳，而且可能只有在社会经济结构改变后，这种改变才将消除进步党派正试图减少的不平等。

到目前为止，我们一直在考虑种族繁衍问题，而不是性关系在促进或阻碍男女发展方面的作用。从种族的角度来看，似乎需要的是把养育子女带来的经济负担从所有身心无碍的父母肩上完全卸下来，并且在法律上予以与公众对父亲身份的认识相适应的同等的自由。当从相关男女的角度来考虑这个问题时，法律似乎也应做出同样的改变。

在婚姻方面，如同人类之间其他所有传统纽带一样，正在发生一种非常不寻常的变化，完全不可避免，是新生活发展的一个完全必要的阶段，但在它完成之前，这种变化绝不会尽如人意。所有的传统纽带都基于——国王、封建王侯、牧师、父亲、丈夫——的权威之上。所有这些纽带——就因为它们建立在权威之上——正在或已经瓦解，为取代它们而创造的新纽带尚未完成。故而人类关系目前有一个不同寻常的琐碎性，并且在冲破自我（ego）的樊篱方面比以前做得少。

婚姻的理想过去取决于丈夫的权威，这是被妻子承认的一项权利。丈夫是自由的，妻子是个心甘情愿的奴隶。在所有涉及夫妻双方的事情上，人们理所当然地以丈夫的决定为准。妻子被要求忠贞不二，而丈夫，除非是在极为宗教化的社会，只被要求为自己的不忠找个体面的理由。除非采取禁欲，否则家庭规模不可受限，妻子要求禁欲的权利尚未被承认，因而她可能会受频繁生育之苦。

只要男女双方都毫无疑问地相信丈夫的权威，这个体制就是相当令人满意的，也能给双方某种本能的满足，这种满足在受过教育者之中是很少实现的。只有一个人的意愿，即丈夫的意愿，必须考虑在内，当两个平等的意志必须达成共同的决定时，不需要进行费力的调整。妻子的欲望并没有被认真对待到足以阻挠丈夫需求的地步，而妻子本身——除非她极度自私——并不寻求自身发展，看不出婚姻中除了一个履行职责的机会外还有别的什么。既然她不寻求或期望很多的幸福，那么幸福没有来到时，她也不会像现在的女性那样痛苦：毕竟她的苦并不包含愤慨或惊讶的成分，不会轻易转变为悲痛或受伤的感觉。

我们祖先所称赞的圣洁、自我牺牲的女性，在某种有机的社会理念中占有一席之地，这种有序的权威等级理念主宰了中世纪。女性属于同样的思路，忠仆、忠臣、教会的正统子嗣亦是如此。这整个思路已经从文明世界消失，并且人们希望它永远消失，尽管它所造就的社会是十分重要的并且在某些方面也充满了高贵品质。旧秩序已经被正义和自由的新理想所摧毁，从宗教开始，经过政治，最后到达婚姻和家庭的私人关系。一旦这样的问题被人问起："为什么女人要屈服于男人？"一旦传统和《圣经》给出的答案不再让人满意，这种古老的从属关系就可能无法继续维系。对于每一个有能力不受个人因素影响自由地思考的男人来说，只要被问到这个问题，就认为很显然，女人享有与男人完全一样的权利。无论在向平等过渡的过程中可能出现什么样的危险和困难，什么样的暂时混乱，理性的主张都是如此坚决而明确，任何反对它们的人都不可能指望一直成功。

如今要求的彼此自由，正在使旧的婚姻形式不可能继续。但是，能成为同样好好服务于本能的工具，并对精神成长有着同样的帮助的一种新形式还没有发展完备。就目前而言，那些意识到自由是需要维护的东西的女性也意识到了维护自由的难度。想去掌控，是大多数男性情欲的一个组成部分，在那些情欲强烈且重视情欲的人身上尤其如此。它存在于许多持完全反对专制的观点的男人身上。其结果是一面为自由而战，一面又为生活而战。女人觉得她们必须保护自己的个性；男人——通常非常愚蠢地——觉得，对她们本能的压制是与她们的活力与主动性不相容的。这些相反情绪的抵触使得所有真正的个性交融变得不可能；男女仍是坚固的、彼此分开的两个单元，不断自问对他们有价值的东西是否皆由结合而来。其结果是，他们之间的关系变得琐碎而短暂，是感官愉悦而非对一种深层需要的满足，是一种刺激，不是一种得到。我们生来就有的基本的孤独感并没有被触及，对心灵伴侣的渴望也依旧未得到抚慰。

不可能有既代价小又容易的方法来解决这个麻烦。这是一个困扰着大多数最文明的男女的难题，是一种必然源自精神进步的个体意识不断增强的结果。我怀疑除了某种形式的宗教以外，是否有其他彻底的解决办法能被如此坚定和真诚地相信，甚至能支配本能的生活。个体并非一个人自己存在的终点和目的：个体之外还有共同体，人类的未来，宇宙的浩瀚，在此我们所有的恐惧和希望不过是沧海一粟。尊敬彼此生命精神的男女，除了人的一生之外对自己的不重要也有同等感觉的男女，或许可以变成不干扰彼此自由的同志，或许可以在不对思想和精神生活施加暴力的情况下实现本能的结合。由于宗教主导着旧的婚姻形式，因此也必然主导新的婚姻形式。但是，这个宗教必须是基于自由、公正和爱而非权威、法律和地狱之火的新宗教。

浪漫主义运动对男女关系造成了不良影响，它把注意力引向一种应该是伴之而来的好处上，而非这种关系存在的目的上。爱情赋予婚姻内在价值，一如艺术与思想，是使人的生命值得维持的至高无上的东西之一。但是，尽管没有爱就没有好的婚姻，最好的婚姻却拥有一个超越爱的目的。两个人对彼此的爱过于狭隘，太脱离社会，本身就不是美好生活的主要目的。它本身并不是一个充足的活动来源，也没有足够的前瞻性，不足以创造一个能找到最终满足感的存在。它带来了它的伟大时刻，然后是不那么伟大的时刻，这因为它们不那么伟大而令人不满意。它迟早会成为回忆，一座欢乐的坟墓，而不是新生的源泉。这种不幸与任何要在一种至高无上的情感中实现的目的是分不开的。只有那些延伸到未来的目标，那些永远不会完全实现但又在不断生长，并随着人类的不懈努力而变得无限的目标，才是唯一适当的目标。也只有当爱与这种无限的目标联系在一起时，它才能拥有它所能具有的严肃性和深度。

对绝大多数男女而言，性关系的严肃性很可能是通过孩子来实现的。孩子对很多人来说是一种需要，而非渴望：本能通常只是有意识地把人引向过去导致孩子到来的东西。往往到中年时会生出对孩子的渴望，此时一个人自己生存的冒险期已经过去，年轻时的友谊似乎也不再像以前那样重要，孤独的晚年的前景开始变得可怕，与未来毫无瓜葛的感觉变得让人压抑。

于是，那些年轻时没有意识到孩子会实现他们的需要的人，开始后悔以前对普通人的蔑视，开始嫉妒那些以前他们认为单调乏味的熟人。但由于经济原因，年轻人，特别是最优秀的年轻人，往往不可能在不牺牲对自己人生至关重要的东西的情况下生儿育女。因此，当青春逝去，需要孩子的感觉也为时已晚。

随着生活变得越来越不同于我们的本能所源自的原始存在，有需求却没有相应的欲望的情况已经变得越来越普遍，而且它们在很大程度上仍然适应这种原始存在而不是现在的生活。最终，未被满足的需求会造成同样多的痛苦和品格的扭曲，就好像它与有意识的欲望有关。因为这个缘故，也是为种族着想，重要的是消除当前不生育子女的经济诱因。没有必要逼迫那些不情愿为之的人为人父母，但是有必要不对那些没有这种不情愿的人设置障碍。

说到在男女关系中保持认真态度的重要性，我并不是暗示不认真的关系总是有害的。传统道德的错误在于注重不该发生的事，而不是应该发生的事。重要的是，男女迟早会找到他们的本性能让他们拥有的最好的关系。事先就清楚什么是最好的并非总是可能的，如果凡是可疑的东西都不接受的话，那就不能确定是否错过了最好的东西。在原始种族中，男人想要一个女人，女人想要一个男人，没有什么区别能使一个人比另一个更合适作为伴侣。但是文明生活使得性格越来越复杂，越来越难找到能带给自己幸福的男人或女人，也越来越有必要使承认错误不那么困难。

现行婚姻法是从一个较简单的时代继承下来的，它主要由非理性的恐惧和对心灵生活中所有微妙而困难的东西的蔑视所支撑的。按照这一婚姻法，大量的男女在这个社会里注定——就他们假托的关系而言——要有一个完全不友善的伴侣，并且带着一种痛苦的意识，明白自己几乎不可能逃脱。在这种情况下，人们往往寻求与他人建立更幸福的关系，但他们不得不偷偷摸摸地，不能共同生活，不能有孩子。除了偷偷摸摸的大罪，这种关系还有一些几乎不可避免的缺点。他们容易过分强调性，又万分激动又惴惴不安；他们很难真正满足本能的需求。正是爱、孩子、共同生活等因素加在一起，让男女之间的关系达到了最佳状态。现在的法律将孩子和共同生活限制在一夫一妻制的范围内，但它无法束缚爱情。法律迫使许多人把爱与孩子和共同生活分开，从而限制了他们的生活，阻止他们实现自己可能达到的完全发展，并对那些不满足于变得轻浮的人施加完全不必要的折磨。

综上所述：目前的法律、公众舆论以及我们的经济体系正倾向于降低种族的素质，使最糟糕的一半人口成为下一代一多半人口的父母。同时，妇女对自由的要求也使旧的婚姻形式成为男女发展的障碍。如果欧洲各国不想衰落，如果男女关系想具有过去最好的婚姻所拥有的强烈幸福感和有机的严肃性，那么就需要一个新的体系。新的体系必须建立在这样的事实上：

生儿育女是为国家服务，不应对父母造成太多金钱上的损失。它必须承认，法律和公众舆论都不该只关注男女之间的私人关系，除非涉及孩子。它应该消除使男女关系变得偷偷摸摸和不诞育孩子的诱因。应该承认，虽然从一而终的一夫一妻制在成功时是最好的形式，但是我们的需求越来越复杂使得一夫一妻越来越时常不管用，对此离婚成了最好的预防措施。在此，一如在其他问题上，自由是政治智慧的基础。当赢得自由时，其他渴望获得的东西必须留给男女个人的良心和宗教信仰来办。

## 七、宗教与教会

自中世纪末以来，世界上几乎所有的变化都是由于新知识的发现与传播。这是文艺复兴、宗教改革和工业革命的主要动因，也是教条主义宗教衰落的直接原因。对古典文献、早期教会历史、哥白尼的天文学与物理学、达尔文的生物学和比较人类学的研究，依次重创了天主教教条大厦的某部分，直到对几乎所有思考者和受过教导者来说，看起来最有理由留下的大多是某种内在精神、某种模糊的希望以及某种不是非常明确的道德义务感。这一结果或许仅限于受过教育的少数群体接受，但事实上，几乎各地的教会都以同样酷烈的手段反对政治进步，对付思想进步时也是如此。政治保守主义使教会与工人阶层中任何有活力的东西发生冲突，并在广阔的圈子里散播自由思想，否则数百年来这些圈子仍是正统宗教信仰统治。教条式宗教的衰败，不论好坏，都是现代世界最重要的事实之一。它的影响还没有开始显现出来：未来如何也很难说，但它们的影响肯定是深刻而广泛的。

宗教，部分是个人的，部分是社会的：对新教教徒而言主要是个人的，对天主教而言则主要是社会的。只有将这两者紧密融合，宗教才变成了塑造社会的巨大力量。从君士坦丁时代到宗教改革时期一直存在的天主教会，代表了一种融合，若没有真正实现，那将是不可思议的，即基督与恺撒的融合，谦卑服从的道德与罗马帝国的骄傲的融合。喜爱前者的可以在《底比斯之战》（*Thebaid*）找到，喜爱后者的可以在大都会大主教们的排场中欣赏到。圣方济各和英诺森三世时期，这两边在教会里都仍然有代表。但自宗教改革以来，个人的宗教越来越出现在天主教会之外，与此同时，仍是天主教的宗教已经越来越成为一种制度、政治和历史延续性的事务。这种分裂削弱了宗教的力量：宗教团体并没有因为个人宗教信仰强烈的那些人的热情澎湃和一心一意而得到加强，这些人也没有发现他们的教诲被教会机构的力量普及并永久化。

在中世纪，天主教会实现了西方世界所知的最有机的社会，以及本能、思想、精神最和谐的内在结合。圣方济各、托马斯·阿奎纳和但丁代表了它关于个人发展的巅峰。大教堂、托钵修会以及教皇对帝国的胜利，都代表了其至高无上的政治成功。但它所达到的完美是一种狭隘的完美：为了适应这样的模式，本能、思想和精神均受到了限制；平信徒发现他们以他们所憎恨的方式服从于教会，教会则利用其权力进行掠夺和压迫。完美的结合与新的成长为敌，在但丁时代之后，世间所有生物都必须首先为自己的生存权与旧秩序的代表们作斗争。时至今日斗争仍未结束。只有当它在政治的外部世界与人类自己思想的内部世界都完全结束时，一个新的有机社会和一个新的内在结合体才有可能取代教会一千年来的地位。

圣职人员的职业受困于两个原因，一个是与其他职业共有的，另一个是它自身特有的。之所以特有，是因为人们习惯性地认为牧师比其他人品行高尚。人类的任何平均选择——把人分开并说此举优于其他做法——都必然趋于平均水平之下。对于王子和那些曾被称为“伟大”的人来说，这在古代便是司空见惯的。但就那些神职人员而言也同样如此，他们并不真正地且生来就像世人习惯性以为的比一般人好很多。对圣职的另一伤害来源是捐赠。财产是只有那些支持既定制度才拥有的东西，它有一种扭曲人们对制度的优越性的判断的倾向。这种倾向会在财产与社会考虑和小权力的机会联系在一起时加重。它最糟糕的情况是，当制度被法律束缚于古老的信条，改变无望，却与当下无拘无束的思想完全脱节。所有这些原因一起损害了教会的道德力量。

并不是说教会的信条是错的。不妥的只是信条的存在。一旦收入、地位和权力取决于所接受的随便哪种信条，智识上的诚实便陷入危险。人们会告诉自己，一个正式的赞成因为它将能让他们去做的好事而正当。他们没有意识到，在那些精神生活充满活力的人身上，失去智识上的全部正直会通过各个方向逐渐产生一种无法简单地看到真相的能力，从而终结行善的力量。严格的党派纪律已经将同样的恶引入了政治；在那里，由于这种弊端相对较新，许多人看在眼里却认为它对宗教并不重要。但对教会来说，这种弊端更严重，因为宗教比政治更为重要，也因为宗教的拥护者应该完全没有污点而更有必要。

我们一直在考虑的弊端似乎与专职牧师的存在密不可分。如果宗教在一个瞬息万变的世界里不至于有害，那么它就必须像教友派（Society of Friends）一样，交给那些在一周之中从事其他职业的人、出于热情从事宗教事业且不拿任何报酬的人来进行。而这样的人，因为他们了解日常世界，便不太可能陷入一种无人认为适用于普通生活的遥远道德。作为自由的人，他们将不必事先得出某些结论，而是能够真诚地、不带偏见地考虑道德和宗教问题。除了相当稳定的社会，任何宗教生活若不能从专职牧师的梦魇中解脱出来，就不会是鲜活的或者是对精神的真正支撑。

正是由于这些原因，当下在道德和宗教上有价值的东西极少来自宗教界的显赫人物。诚然，在自称为信徒的人中，有很多是全心虔诚的，有很多仍能感受到基督教在被知识的进步削弱前所带给大家的启迪。这些虔诚的信徒对世界是有价值的，因为他们一直坚信属灵的生活是对男人和女人最重要的生活。他们中一些人——在如今身处战乱的所有国家——有勇气以基督的名义宣扬和平与爱，并尽自己之力去减轻仇恨之痛。所有的赞美都归于这些人，倘若没有他们，世界可能比现在更糟。

但是，即使是最真诚、最勇敢的传统宗教信徒，也无法使一种新的灵性进入这个世界。并不能通过他们让一些人重拾信仰，这些人失去宗教信仰是因为这些人的思想是活跃的，而不是因为其灵性是死的。传统宗教的信徒必须从过去而非未来寻找灵感。他们在基督的教义中寻求智慧，尽管这令人钦佩，但对于现代生活中的诸多社会问题和灵性问题是远远不够的。有关艺术、智慧和政府的所有问题在福音书里只字未提。那些像托尔斯泰一样认真地把福音书当作生活指南的人，被迫将无知的农民视为最好的人，并用一种极端的不切实际的无政府主义来回避政治问题。

如果一种笃信宗教的人生观和世界观永远要重新征服头脑无拘无束的男女的思想和情感，那么我们习惯于与宗教联系在一起的许多东西将不得不丢弃。所需的第一个也是最大的改变是建立一种有主动性的而非顺从的道德，一种怀有希望的而非恐惧的道德，一种事情要去完成而非丢下不做的道德。为了逃避神的震怒而悄悄溜过世间并不是人的全部本分。世界是我们的，它是天堂还是地狱取决于我们。力量是我们的，若我们有勇气和洞察力去创造，天国和荣耀也将是我们的。我们必须去寻求的宗教生活，不会是偶尔的郑重其事和迷信的禁锢，不会是忧愁的或苦行的，也不会太在意它的行为准则。它将受到人类生活在一个充满主动性和希望的自由世界的愿景的启发，并将因创造的喜悦而快乐。它将爱人类，不是因为他们的外表，而是因为他们的想象力展现出他们将成为怎样的人。它不会轻易谴责，但会赞美积极的成就而非消极的无罪，赞美生活的喜悦、迅速而至的情感和创造性的洞察力，正是这些使世界变得年轻、美丽而生机勃勃。

“宗教”是个含义丰富、历史悠久的词。在起源上，它与某些从遥远的过去继承下来最初出于某种原因而进行但早已被遗忘的仪式有关，并且不时与各种神话联系在一起，以说明它们的假定的重要性。这其中的许多依然存在。一个有宗教信仰的人会去教堂，会领受圣餐，是像天主教徒所说“奉行教义”的人。否则，在这个简单但历史证明是正确的意义上，他的行为方式，或者他对生活及人在世界上的地位的感想，与他是否“信教”的问题无关。从这种意义上来说很多男人和女人是有宗教信仰的，他们的本性中没有半点在我所说的意义上应该被称为宗教的东西。仅仅是对教会仪式的熟悉，就已然让他们对它视而不见；他们没有意识到所有的历史和人类经验丰富了礼拜仪式，并且对福音书里滔滔不绝的重复的话语无动于衷，这些话谴责了那些自以为是基督门徒之人几乎所有的行为。这种命运必然大过任何习惯性的仪式：它不可能在频繁地进行以至于变成机械的形式之后继续产生很大的影响。

人的活动大致有三个来源，并不是实际情况骤然将它们分出彼此，而是它们各自的区别十分明显，值得以不同的名字命名。我所说的三个来源是本能、心智与灵性。三者之中，是灵性生活造就了宗教。

本能的生活包括人类与低等动物所共有的一切，包括所有与自我保护、繁衍以及由此衍生而来的欲望和冲动有关的一切。它包括虚荣心和对财富的热爱，对家庭的热爱，甚而包含使其爱国的很多东西。它包含所有本质上与它自己或它所在群体的生物层面的成功有关的冲动——因为在群居动物中，本能的生活包括群体。它所包含的冲动，也许事实上并不能促成成功，也许事实上往往会对成功造成不利，尽管如此，冲动以成功为其存在的理由，它们展现了人类的动物本性以及人在一个充满竞争的世界中所处位置。

心智的生活是追求知识，始于小小的天真的好奇心直至付出思考的最大努力。动物也有好奇心，为着明显的生物学上的目的；但只有在人类身上，好奇心才超越了对特定物体——可能是可食用或有毒的、友好的或敌对的——的调查。好奇心是整个科学知识大厦拔地而起的主要动力。知识已经被发现是如此有用，以至于对它的主动获取不再是出于好奇心；无数其他动机现在都有助于智识生活的培养。然而，对知识直接的爱和对错误的厌恶仍然在很大程度上起着作用，特别是对那些在学习方面最为成功的人。没人会学很多知识，除非这种获取本身令此人愉悦，除非此人意识到了知识的用武之地。获取知识的冲动和围绕它展开的活动，构成了我所说的心智生活。心智的生活由或全部或部分的不带个人色彩的思想组成，某种意义上说，它关注的是与自己利益相关的物体，而不只是它们对我们本能生活的影响。

灵性的生活以不带个人色彩的感觉为中心，一如心智的生活围绕不带个人色彩的思想展开。从这个意义来讲，所有的艺术都属于灵性生活，尽管它的伟大之处在于它与本能生活的紧密联系。艺术从本能开始并上升到灵性的领域；宗教从灵性开始并努力支配和影响本能的生活。对别人的悲欢离合和对自己的悲欢离合同样感兴趣是可能的，爱与恨独立于自己的一切关系之外是可能的，关心人类的命运和宇宙的发展而没想过我们自己亦身在其中是可能的。敬畏与崇拜，对人类的责任感，势在必行之感和按照被传统宗教解释为神灵启示的秩序行事，这些都属于灵性生活。比这些更深的是一种半遮半掩的神秘感，一种隐藏的智慧与荣耀之感，一种美化愿景之感，在那里，寻常之物失去了它们固有的重要性，变成了一层薄薄的面纱，而在面纱背后，世界的终极真理隐约可见。正是这样的感觉才是宗教的根源，若它们死了，绝大多数最好的东西将从生活中消失。

本能、心智和灵性是充实的生活的必要条件；每一个都有其优点与缺点。每一个都能以牺牲另外两个来获得虚假的卓越；每一个都有蚕食另外两个的倾向；但在将要寻求的生活中，这三者将在协调中发展，并紧密地融合在一个和谐的整体中。在未开化的人中，本能是至高无上的，心智和灵性几乎不存在。而在当今受过教育的人中，心智的发展——通常是以本能和灵性为代价的——产生了一种奇特的无人性和死气沉沉，一种个人欲望和非个人欲望的缺失，这导致了愤世嫉俗和智识破坏力。在禁欲主义者和大多数被称为“圣人”的人之中，灵性生活的发展牺牲了本能和心智，产生了一种对于那些有着健康的动物生活习性和那些热爱积极思考的人而言是绝不可能的世界观。在这些片面的发展中，我们是找不到为文明世界注入生机的智慧或哲学的。

在当今的文明男女中，很少能找到本能、心智和灵性和谐一致的。很少有人能实现一种实用哲学，在三者之中分别给予其应有的地位；通常，本能要么与心智为敌，要么与灵性交战，而心智与灵性更是斗来斗去。这种冲突迫使男人和女人把许多精力都集中于内心，而不是全部花在外在活动上。当一个人以挫败自己的部分天性来获得不稳定的内心平静时，他的生命力是受损的，他的成长也就不再十分健康。若人要保持完整，就必须实现本能、心智和灵性的和谐一致。

本能是生命力的源泉，是连结个体生命与种族生命的纽带，是与他者所有深远的休戚与共感的基础，是集体生命滋养独立的生命个体的手段。但本能本身使我们无力控制自然之力，无论是在我们自己身上的还是在我们的物质环境之中，本能本身还使我们受缚于不假思索的冲动，就是使树木兀自生长的那种冲动。心灵可以通过非个人的思想力量将我们从这种束缚中解放出来，这种思想力量使我们能够批判地判断本能或多或少有些盲目倾向的纯生物目的。但是，在与本能打交道时，心灵仅仅是批判性的：就本能而言，心智不受控制的活动往往具有破坏性，并滋生愤世嫉俗。灵性则是心智的愤世嫉俗的一剂解药：它使本能产生的情感普遍化，从而使它们免受心灵的批判。当思想被灵性告知它失去了残酷、毁灭的品质，它就不再促进本能的死亡，而只是促进本能从固执、无情中得到净化，从意外情况的牢笼里解放出来。是本能给予力量，是心智赋予了将力量引导到所期望的目的上的手段，是灵性暗示了对于使思想无法被批评抹煞的一种力量的非个人地使用。此处只是对本能、心智和灵性将在一个和谐生活里扮演的角色的勾勒。

当本能、心智和灵性的发展是自由的、未遭污染时，三者之中的每一个都是其他两者的助力；但当三者中的任何一个腐坏时，则会一损俱损。三者必须齐头并进。倘若它们要在任何一个男女身上获得十足的发展，他或她不仅不能离群索居，而且必须成为一个发展不会受到阻碍和扭曲的社会的一员。

不受心智或灵性约束时的本能生活由本能的循环组成的，

这种循环始于冲动，然后是或多或少确定的行为，再通过这些冲动行为的结果，传到对需求的满足。冲动和欲望并不针对整个周期，而仅仅针对它的开始：其余部分都归自然的原因。我们想吃东西，但并不渴望营养品，除非我们体弱多病。然而，如果吃得不营养，吃就只是一时的愉悦，不是生活的一般冲动的一部分。人渴望性爱，但通常并不强烈地或经常地渴望孩子。然而，不希望孕育后代或者偶尔生个孩子的话，性爱对绝大多数人来说，仍是一种孤立的自得其乐，没有使他们的个人生活与人类的生活结合起来，没有与他们生活的中心目的保持一致，也无法带来生儿育女的任务完成后的那种深远的满足感。大多数人都想创造一些东西，大小根据能力而为，除非这种冲动因不用而退化了。一些人能够满足这种欲望：一些快乐的人能够创造一个帝国、一门科学、一首诗或一幅画。科学家找到创造性的出路不像其他人那么难，他们是现代世界的聪明人中最快乐的，因为他们的创造性活动使心智、灵性以及创造的本能得到充分满足。[①] 在他们当中，可以看到对新的生活方式的寻找将要开始；在他们的快乐中，我们或许能发现全人类未来幸福的萌芽。除了少数例外，其他人会在他们的创造性冲动中受挫。他们不能建造自己的房屋或花园，亦不能把自己的

① 我应该加上艺术家，但事实上大多数现代艺术家似乎在创造方面遇到的困难时常比科学家大得多。

劳动引向生产自由选择使他们生产的东西。这样，本该引导到心智生活和灵性生活的创造本能就被抑制和岔开了。它太频繁转向以至无法毁灭，成了唯一可能的有效行为。从失败中生出了嫉妒，从嫉妒中生出了摧毁更幸运者的创造力的冲动。这是本能生活中最大的腐坏来源之一。

本能生活是重要的，不仅是因为它本身或它所激发的行为具有直接的实用性，而且因为如果它不令人满意，个人生活就会变得超然并脱离人类的一般生活。与他人的所有真正深刻的联合感都取决于本能，取决于出于某些本能目的的合作或者达成一致。这在男人和女人、父母与子女的关系中最为明显。但在更广泛的关系中也是如此。受到强烈的共同情感影响的大型集会，甚至危急时刻的整个民族，也是如此。它是使宗教的价值成为一种社会制度的东西的一部分。在这种感觉不存在的地方，其他人似乎又疏远又冷漠。在它被积极挫败的地方，其他人变成了本能敌视的对象。孤僻或本能的敌意可能被宗教之爱所掩盖，这种爱可以给予所有人，无论他们与我们的关系如何。但宗教之爱并不能弥合人与人之间的鸿沟：它从鸿沟看过去，以怜悯或非个人的同情来看待别人，但它并不与他们活在同一种生活之中。唯有本能可以做到这一点，但只有在它富有成果，理智并直接的情况下。为此，本能循环要相当经常地完成，不能半途中断。目前，这些循环不断被打断，部分是因为出于经济或其他原因与它们相冲突的目的，部分是因为对快乐的追求，它挑出了循环之中最令人愉快的部分而避开了其他部分。这样一来，本能的重要性与严肃性就被夺走了；它变得无法带来任何真正的满足，它的需求越来越过分，生活不再是一个单一过程的整体，而是一系列超然的过程，有些令人愉悦，更多则充满了疲倦与沮丧。

心智生活——尽管自身极其优秀——不能把健康带进本能生活，除非是在它为创造的本能带来一个不太困难的出口之时。在另一些情况下，通常它离本能太远，太超然，太缺乏内在成长，无法为本能提供一种工具或一种细化和完善它的手段。思想在本质上是非个人的和超然的，本能在本质上是个人的，并与特殊环境联系在一起：两者之间的战争是不容易平息的，除非双方都达到一种很高的水平。这是活力论、未来主义、实用主义以及其他各种标榜自己充满活力与精力的哲学产生的根本原因。所有这些都代表着试图找到一种不会敌视本能的思维模式。这一尝试本身值得称赞，但给出的解决方案是太过轻率得出的。它的提议等同于让思想服从本能，拒绝让思想实现它自己的理想。未超越个人范围的思想，不是任何真正意义上的思想：它只是对本能或多或少的一种合理使用。正是思想与灵性让人类摆脱了禽兽的一面。丢弃它们，我们可能丧失人类应有的优点，却无法获得动物的优点。在试图与本能和解之前，思想必须获得充分发展。

当去芜存菁的思想与繁芜丛杂的本能共存时，正如它们在许多知识分子身上所做的，其结果是完全不相信任何重要的善能借助本能获得。各人性格不同，一些人会尽可能抛弃本能，变成苦行者，另一些人则会接受它，把它当作必需品，降低它的地位，并与他们生活中一切真正重要的东西分开。这两个过程要么阻碍了本能保持活力，要么阻止了本能与他者的联系；要么造成一种生理上的孤独，一种其他人的心智和灵性可以跨越它交流而他们的本能却不行的鸿沟。对很多人来说，当战争爆发，爱国主义的本能是弥合这道鸿沟的第一本能，是让他们觉得与他人结成一种真正深刻的团结的第一本能。这种本能，正因其激烈的形式是新的、不被人熟知的，而并没有受到思想的影响，也没有因怀疑或冷漠的超然而瘫痪、失去活力。如果思想和灵性不与之为敌，那么它所带来的团结一心之感是能够由更为正常时期的本能生活所产生的。只要这种同心协力之感不在，本能和灵性就不能和谐相处，社会生活也不能有活力和新发展的种子。

心智生活，因为其超然，倾向于把一个人的内心与其他人的分开，只要它不被灵性生活加以平衡。因此，没有灵性的心智会导致本能的腐化或萎缩，却不能为本能的生活增添任何优点。在这方面，一些人对思想怀有敌意。但是，试图阻碍思想的发展不会是出于好的目的，思想的发展有自己的坚持，若按照自然发展的方向加以检验，它将转向其他更有危害性的方向。思想本身如同上帝一样：如果思想与本能的对立是不可调和的，那么该征服的是思想。但这种对立并非不可调和：唯一必要的是思想和本能都应从灵性生活中得到启发。

为了使人类生活充满活力，本能冲动的强烈而直接是必要的；但为了使人类生活变得美好，这些冲动必须被欲望所支配、控制，这些欲望不那么个人、无情，也不如那些只受本能激发的人容易导致冲突。某些非个人的、普遍的东西需要超乎从个人成长原则中产生的东西之上。这就是灵性生活所给予人类的。

爱国主义提供了一个需要控制的实例。爱国主义由许多本能的情感和冲动混合而成：爱家，爱与我们有着类似的行止与观点的人，爱一个集体内合作的冲动，爱一个人所处的集体取得成就后油然而生的骄傲感。所有这些冲动和欲望，就像一切属于本能生活的东西一样，都是个人的，因为它们激发的对他人的情感和行为，取决于这些人与我们的关系而不是这些人的本质。所有这些冲动和欲望联合起来产生了人的爱国之情，它比任何没有扎根于本能的爱都更深地植入人的机体，更紧密地与人的生命力相结合。但是，如果灵性不介入来概括对国家对爱，本能之爱的排他性就会使它成为对其他国家之仇恨的根源。灵性所能起的作用是让我们认识到：别的国家同样值得爱，令我们热爱自己国家的那种生命激情向我们揭示它值得被爱，只有我们本性的贫乏才能阻止我们像爱自己的国家一样去爱所有国家。如此，本能的爱便可在想象中得到扩展，一种全人类的价值感便可成长起来，它对那些本能之爱脆弱的人来说比任何可能的东西都更活泼、强烈。心智只能向我们表明，最爱我们自己的国家是不合理的；它能削弱爱国主义，却不能加强全人类的爱。唯独灵性可以通过扩展和普及本能所产生的爱做到这一点。在这么做的过程中，它检查和净化了本能生活中凡固执的、无情的或有压迫意图的个性。

同样的扩展若由灵性来完成就要结合其他本能的爱，假如这些爱没有因思想而衰弱或腐坏的话。夫妻之爱是件其乐融融的事，当男女足够原始时，只要有本能和好运就能使这种爱达到某种有限的完美。但是当思想开始主张它批判本能的权利时，古老的简单就变得不可能了。夫妻之爱——就像无节制的本能所留下的那样——太狭隘、太个人以至于无法抵抗尖锐的讽刺，直到有朝一日它被灵性生活所丰富。这种浪漫的婚姻观，我们的祖辈都声称相信，但它经不起在一条郊区别墅大街上做一番富于想象力的游历，每一座别墅里都有一对爱侣，每对爱侣都在第一次跨过门槛时庆幸自己在这里可以安心地相爱，不受他人打扰，不跟冷漠的外部世界接触。与世隔绝和死水不澜，因懦弱与胆怯的虚荣而得的美名，都被关在成千上万小别墅的四壁之内，都冷酷而毫不留情地呈现在那些牺牲了灵性的心智受控者的面前。

一个人的生活中，除了他本性所能达到的最好境界，没有什么是好的。随着人类的进步，原本好的事物不再好了，只不过因为可能还会有更好的。本能的生活中也是如此：对于那些精神生活很强大的人来说，许多在心智不发达的情况下确实很好的东西，现在仅仅因为他们的世界观中有了更多的真理就变成了坏东西。恋爱中以本能行事的男人觉得自己的情感独一无二，他心中的女人有着其他女人无法企及的完美。这个已经获得非个人的思维能力的男人，当他陷入爱河时，意识到他是此刻万千恋爱中人之一，意识到万千人之中能正确地认为他的爱至高无上的人不会超过一个，而这个人不见得是他自己。他认为，那些本能没有受思想或灵性影响的人的恋爱是一种幻觉状态，它服务于自然界的目的，使人成为物种延续的奴隶，而不是一个自愿为他看来善的那些非个人的目的服务的牧师。思想拒绝这种奴役；因为自然界所能看见的任何结局都不会使思想退位，或放弃其真正思考的权利。“让我或其他任何人去相信谎言还不如让世界湮灭”——这就是思想的宗教，在它的熊熊火焰中世界的糟粕正被付之一炬。它是个好的宗教，它的毁灭工作必须完成。但这并非人类所需要的一切。新的成长必须在这种毁灭之后，新的成长只能通过灵性来实现。

爱国主义和男女之爱，当它们仅仅出于本能时，都会有同样的缺陷：它们排外，它们画地为牢，它们对外界对冷漠或敌意。正是通过这些，思想变成了讽刺，诙谐浸染了人们过去认为的他们最神圣的感情。讽刺和诙谐是合理的，但如果它们仍处于发号施令的位置，它们可能会造成的本能的死亡则不是合理的。若要它们是合理的，那就不是作为最后的智慧之言，而是作为痛苦之门，人类可由此走向新生活，在那里本能得到净化但被更深层的欲望和灵性的洞察力滋养。

拥有灵性生活的人对男女——包括他自己和其他人——之爱的看法，与完全听从心智的人的看法是全然不同的。前者在顿悟的时刻，看出所有人身上都有值得爱的东西，有神秘的东西，有吸引人的东西，像是一次黑夜中的呼喊，一次摸索之旅，以及一场可能到来的胜利。当他出于本能去爱时，他欢迎本能帮他看出和感受他所爱之人的价值。本能成为对灵性洞察力的巩固。本能告诉他的，是灵性的洞察力证实的，无论心智意识到多少渺小、局限以及阻碍灵性闪光的围墙。他的灵性在所有人身上预言了他的本能在他爱的对象身上展示的东西。

父母对孩子的爱有必要进行同样的转变。纯粹本能的爱，不受思想的约束，不因灵性闭目塞听，它是排他的、无情的、不公正的。没有什么能给别人带来好处的东西，在纯粹由本能出发的父母看来是值得伤害自己的孩子的。荣誉和传统道德对父母的替代性自私自利施加了某种重要的现实限制，因为一个文明社会会在给予尊重之前要求一定的最低限度。但在公众舆论允许的范围内，父母的亲情——当它仅仅出于本能时——会只为孩子谋利益而不顾他人。心智可以削弱对不公正的冲动，削弱本能之爱的力量，但它不能保持本能之爱的全部力量，使之达到更普遍的目的。灵性可以做到这一点。它能够让孩子们的本能之爱依然闪耀，将父母想象中的辛酸奉献延伸到全世界。而父母之爱本身也会促使有灵性生活的父母给他的孩子以正义感、乐于奉献的意识、敬畏、驾驭自我追求的意志，这些他觉得比任何个人的成功都要伟大。

近代，灵性生活因其与传统宗教的联系、对心智生活表面的明显敌意、似乎以放弃为中心的事实而受苦。灵性生活需要在时机出现时准备好放弃，但本质上是积极的，能够像心智和本能那样丰富个人的存在。它带来了视觉的喜悦，对世界之神秘和深邃的喜悦，对生命之沉思的喜悦，以及最重要的普世之爱的喜悦。它将那些拥有它的人从充满固执的个人激情和世俗关怀的牢房里解放出来。它给人的思想和感情以及与他人的一切关系以自由、广度和美好。它带来了疑虑的解决，结束了一切都是虚荣的感觉。它恢复了心智与本能之间的和谐，并将分散的个体带回他在人类生活中的位置。对于那些曾经进入思想世界的人而言，只有通过灵性，和平与幸福才能回归。

# 八、我们所能做的

在我们活着的时候能为这个世界做些什么呢?

许多男女希望为人类服务，但他们感到困惑，并且他们的力量似乎是无穷无尽的。绝望抓住了他们；最激情澎湃的人最易受无能为力之感的折磨，最易因希望渺茫而精神崩溃。

只要我们只想着不久的将来，我们能做的似乎就不多。我们也许不可能结束战争。我们无法破坏国家或私有财产的过度权力。我们无法在此时此刻给教育带来新生。在这些事情上，尽管我们可以看到种种弊端，但我们无法用任何普通的政治方法来迅速纠正。我们必须认识到，世界是以错误的灵性统治的，灵性的改变不是一朝一夕的。我们的期望不必非得是为了明天，也可以是为了现在少数人思考的东西成为多数人的共同思想的那一刻。如果我们有勇气和耐心，我们就能思考思想、感受希望，正是这希望迟早会激励人们，会将疲倦和沮丧转化为活力和热情。因此，我们要做的第一件事就是在我们自己的头脑中清楚地认识到，我们认为美好的生活是怎样的，我们渴望在这个世界发生的变化是怎样的。

其思想至关重要的人所拥有的终极力量，远大于承受着当代政治非理性之苦的人。宗教的宽容曾是一些大胆的哲学家的独到推测。民主，作为一种理论，兴起于克伦威尔军队的少数人之中；王政复辟①后，民主被他们带到美洲，并在独立战争中开花结果。拉斐特和其他与华盛顿并肩作战的法国人将民主理论从美国带到法国，并在那里与卢梭的学说相结合，启迪出了法国大革命。社会主义——无论我们怎样看待其优点——是一个伟大的、正在改变经济和政治生活的不断壮大的力量；而社会主义起源于极少数孤立的理论家。反对妇女的从属地位的运动已经变得势不可当并且胜利在望，该运动以同样的方式始于一些不切实际的理想主义者之手，如玛莉·沃斯顿克雷福特②、雪莱、约翰·斯图尔特·密尔。从长远来看，思想的力量大过任何其他的人类力量。那些有能力根据人的需求去思考、去发挥想象力的人，迟早会实现他们要的善，尽管也许不

① 指的是英国历史上一段特殊而关键的无血腥革命。17 世纪中叶，英国饱受贵族斗争、民间内战、政治动荡之苦，甚至历经了长达 11 年悲惨的无君主黑暗期。直到 1660 年 5 月 29 日人们迎回被放逐的查理二世，予其复辟加冕。王政复辟象征英国恢复了君主政体。——译者

② 18 世纪英国作家，著名女权主义者。——译者

是在他们还活着的时候。

但那些希望通过思想来赢得世界的人，必须安于在当下失去它这样一种支持。大多数人都是没有太多疑问地度过一生，接受他们现有的信仰和做法，觉得如果他们不与这个世界作对，世界将成为他们的盟友。对世界的新思维与这一舒适安逸的默许是不相容的；它需要某种智识上的超然、某种孤独的能量，一种内在地支配世界及其产生的世界观的力量。若没有一些承受孤独的意愿，新思想是不可能实现的。但如果冷漠伴孤独而来以致与他人联合的愿望破灭，或者如果智识的超然走向了蔑视，那么它任何目的都不会达成。这是因为所要求的心智状态是微妙而困难的，因为很难做到智识上超然而又不冷漠，所以关于人类事务的丰硕思想并不常见，而大多数理论家不是墨守成规就是缺乏建树。正确的思想稀有而艰难，但它并非没有力量。如果我们想给这个世界带来新的希望，那就不必因害怕思想无力而远离思想。

当寻求一种在任何时刻都有用的政治理论时，所需要的并不是乌托邦的发明，而是发现运动的最佳方向。这一次好的方向，表面上可能与下一次好的方向大相径庭。有用的思想能在当前指明正确方向。但在判断何为正确的方向时，有两个总的原则一向适用：

1. 尽量提升个体与集体的发展和活力。

2. 在促进一个个体或集体的发展时，尽可能少地损害另一个个体或集体的发展。

第二条原则，当它应用于个人与他人的交往时，是关于敬畏的，即他人的生命同我们的生命一样重要。当它被非个人地应用于政治之中时，不啻为自由原则，或者说自由原则是它的一部分。自由本身是一个消极的原则；它叫我们不要去干涉，却不提供任何基础去供人们建构。它表明许多政治和社会制度是不好的，应当予以清除，却没有说明该用什么来填它们留下的空。因此，如果我们的政治理论并不纯粹是破坏性的，就需要有进一步的原则。

在实践中将上述两种原则结合并非易事。世界上许多生命能量都流入了实施压迫的渠道。德国人展现了非凡的生命力，但不幸的是，它是以一种与邻国的活力格格不入的形式呈现的。总的来说，欧洲比非洲更有生命力，但欧洲用它的能量通过工业化去压榨非洲，甚至压榨黑人的生命。东南欧的活力因为为美国百万富豪的企业提供廉价劳动力而正在枯竭。过去，男性的活力一直是女性发展的一个阻力，不久的将来，女性也有可能成为男性发展的类似阻力。因此，敬畏之原则本身虽并不充分，却十分重要，能够昭示这个世界所需的许多政治变革。

为了使这两个原则都能得到满足，所需要的是一种统一或整合，首先是我们的个体生活，然后是共同体和世界的生活，并且是在不牺牲个体特征的情况下。一个个体的生活，一个共同体的生活，甚至是全人类的生活，在某种意义上应该是一个整体，而不是几个独立的片段。在这种情况下，个人的成长是被鼓励的，而不是与他人的发展不相容的。这样一来，这两种方式便和谐了。

整合个体生活的是一个始终如一的创造性目标或无意识的方向。单凭本能不足以使一个文明的男人或女人的生活统一起来：必须有某种支配性的对象、抱负、对科学或艺术创造的渴望、宗教原则或强烈而持久的情感。生活的统一对于一个经受过某种失败的男人或女人来说是很难的，那种本应是支配性的冲动被抑制了并夭折了。大多数职业从一开始就将这种失败强加到一个人身上。如果一个人成了一名记者，他可能不得不为一家他不喜欢其政治观点的报纸撰稿；而这扼杀了他对工作的自豪感和他的独立感。大多数医务人员发现，不玩骗人把戏是很难成功的，而真的这么做了的话，他们的任何科学良知都会因此而被摧毁。政治家们有义务安抚宗教支持者，不仅要被迫接受政党的纲领，还要装成圣人；几乎没有人能不带伪善地进入议会。没有哪种职业中还有一丁点儿对那种本职自豪感的尊重（没有这个，人就不是完整的）；这个世界因为它暗示了独立就无情地将其粉碎，而相比解放自己人们更渴望奴役他人。内心的自由无比珍贵，一个能维护它的社会将是人们极度向往的。

一个人的成长原则不一定是因为阻止他做某件确定的事而

被打破的，但往往是因为劝他去做其他事情而被打破的。压垮成长的，是在生命冲动希望有效的方向上产生无力感的事。最糟的事是意志所认同的事。通常，主要是由于缺乏自知之明，一个人的意志抵不过自己的冲动：他的冲动指向某种创造，而他的意志则指向一种有着足够收入并受到同时代人尊重的传统职业。人们的刻板印象是艺术家为取悦大众而推出粗制滥造的作品。但是，许多不是艺术家的人身上具有某种明确的艺术家冲动。因为这种冲动又深又愚蠢，因为往往与所谓的常识相悖，因为一个年轻人只有在他有意形成自己模糊的感情来对抗长者和朋友的智慧和谨慎的箴言时才会听从它，所以在99%的情况下，创造性冲动从一开始就被抑制和挫败了，而其中原本可以迸发出一种自由且充满活力的人生：年轻人情愿成为工具，而非独立的工匠；仅仅做一种实现他人的手段，而非顺应自己的本性去创造的技师。当他做出这种情愿之举的那一刻，他内心的某种东西就死了。他再也不能成为一个完整的人，再也不能拥有完好的自尊、正直的骄傲，而这些原本可能会使他的灵魂保持快乐，哪怕外界有种种困难和麻烦——除非，真正通过皈依以及他生活方式的根本改变。

外在的禁止，意志并不赞成，但外在的禁止远没有诱惑意志的那些更微妙的诱因有害。爱情中的巨大失望可能会造成切肤之痛，但对于一个精力充沛的人来说，它不会造成像为钱而结婚那样的内在伤害。实现这样或那样的特殊欲望并不是完全必要的：重要的是方向，是其所寻求的一种效力。当基本的冲动遭到意志的反对时，它就会让人觉得无助：它不再有足够的希望成为强大的动机。外在的强制力并不造成同样的伤害，除非它产生了同样的无力感；而如果冲动足够强大而无畏，它就不会产生同样的无力感。即使在想象出的最美好的社会，某些特殊欲望的挫败也是不可避免的，因为一些人的不加节制的欲望会导致对他人的压迫和毁灭。在一个好的社会，拿破仑不可能被允许从事他所选择的职业，但他也许会在美国西部找到做开拓者的乐趣。若去当市府职员他是不会快乐的，但也没有哪个尚可容忍的社会组织会强迫他去市府供职。

一个个体生活的整合要求它应该体现出一个人可能拥有的任何创造性冲动，并要求他所受的教育应当能够激发和强化这种冲动。一个共同体的整合要求不同男女的不同创造性冲动应共同致力于某种共同的生活、某种共同的目标，不一定是有意识的，但在这当中这个共同体的所有成员都会发现有助于个人价值实现的东西。大部分源自生命冲动的活动由两部分组成：一部分是创造性的，它以同样的冲动或环境促进自己的和他人的生活，一部分是占有性的，它用不同的冲动或环境来阻碍某种集体的生活。因此，许多本身极其重要的东西仍然可能会对生活不利，例如，17 世纪清教徒在英格兰的所为，或民族主义在今天整个欧洲的所为。生命力容易导致纷争或压迫，从而丧失生命力。战争在一开始就把一个民族的生活融为一体，但它瓦解了这个世界的生活，并且从长远来看，当它变得像今天的战争一样残酷时，它也同样会瓦解这个民族的生活。

战争已经清楚地表明，当文明国家间的关系受侵略和猜疑的支配时，不可能实现一个单一社会的生活的安全融合。因此，任何真正强大的改革运动都必须是国际性的。一个单纯的民族运动肯定会因为害怕来自外界的危险而失败。那些渴望一个更美好的世界，甚至渴望自己的国家得到根本改善的人，将不得不与别国有相似愿望的人合作，并投入大量精力去克服因战争而加剧的盲目敌对。并不是只有在——比如爱国主义可以产生的——局部融合中才能找到最终的希望。问题是，在重要的冲动中保持创造性，同时将目前有破坏性的那部分疏导到其他渠道途径中去，这一点在国内和国际问题上和在个人生活中是一样的。

人的冲动和欲望可以分为创造性的和占有性的。我们的某些活动旨在创造本不存在的东西，其他活动则是为了得到或保留已有的东西。典型的创造性冲动是艺术家的冲动；而典型的占有性冲动是对财产的冲动。最好的生活，是创造性冲动发挥最大作用而占有性冲动起最小作用的生活。最好的制度是那些产生尽可能大的创造力和最小的占有欲并与自我保护相容的制度。占有欲可能有防卫性，也可能富于攻击性：在刑法中，它是防卫性的，而在罪犯身上，它是攻击性的。或许可以承认，刑法没有罪犯那么可恶，并且只要存在攻击性占有欲，防卫性占有欲就是不可避免的。但是，即使是最纯粹的防卫性占有欲本身也不值得赞扬；确实，只要它们强大，它们就会对创造性冲动产生敌意。“比如说，别去想我们该吃什么、喝什么，或者穿什么?”凡是有强烈的创造性冲动的人，都知道这个准则确切的和字面意义上的价值：正是对财产远甚一切的专注使人们无法自由而高尚的生活。国家和财产是占有欲的极大体现；正因如此，它们反对生命，并以发动战争作结。占有意味着取走或留住某个好东西不让他人享用；创造则意味着为了人人能享用到而把好东西投入这个世界。既然世上的物质财富必须在人口中分配，既然有些人天生是强盗，就必然会有防卫性占有，在一个好的社会，这种占有将受到某种非个人的公正原则的规范。但是这一切只是好的生活或者好的政治制度的前奏，在这样的生活和制度中，创造重于占有，分配方面的公正当然就会变得无趣。

无论是政治还是私人生活，最高原则都应该是促进一切有创造力的东西，从而减少以占有为中心的冲动和欲望。现在的国家在很大程度上是占有性冲动的体现：对内，保护富人防范穷人；对外，用武力剥削低等种族，并与他国竞争。我们的整个经济体系只与占有有关；然而，商品的生产是创造的一种形式，除了无可救药的机械和单调乏味，它可能为创造性冲动提供了一种载体。为此，可能会取得很大成就的一种做法是使某类商品的生产者形成自治的民主团体，服从国家对其商品价格的控制但不受其生产方式的制约。

教育、婚姻和宗教本质上都是创造性的，但三者都因占有性动机的侵入而失效了。教育通常被视为通过灌输偏见来延长现状的一种手段，而不是通过慷慨的情感和精神上历险的刺激来创造自由的思想和高尚的人生观。在婚姻中，爱是创造性的，但爱被嫉妒束缚，而嫉妒是占有性的。宗教，本应解放灵性上的创造性视野，通常却更关注压制本能的生活，打击思想的颠覆性。在所有这些方面，由不稳定的占有而滋生出的恐惧已经取代了由创造力激发的希望。理论上，想掠夺他人的念头被认为是邪恶的；但是对遭到掠夺的恐惧同样糟糕。然而，这两种动机支配了十分之九的政治和私人生活。

一个人的创造并不会妨碍另一个人的创造，所以不同的人的创造性冲动本质上是和谐的。占有性冲动则会引起冲突。虽然在道德上和政治上，创造性冲动和占有性冲动是对立的，但在心理上，二者很容易因环境和机会的偶然性而进入对方。应该研究冲动的起源和成因以及使它们发生改变的原因；应该使教育和社会制度能够加强在不同人之间和谐存在的冲动，并削弱那些招致冲突的冲动。我毫不怀疑，以此方式可能完成的事几乎是无穷无尽的。

是通过冲动而不是意志，个体的生命和共同体的生命才能获得推动单一方向的力量统一。意志有两种：一种向外的，一种是向内的。外向的这种，是由外部障碍发挥作用的，要么是他人的反对，要么是一项工作的技术性困难。每当不能马上获得成功时，这种意志就是一种强大的冲动或欲望的表现；它存在于所有精力充沛的人身上，只有在他们的生命力衰弱时才会衰退。在任何艰难的事业中，成功都是必要的，没有它，就罕有大的成就。但是，被指向的内在意志只有当内在冲动或欲望发生冲突时才是必要的；一个完美和谐的天性是不需要内在意志的。这样完美的和谐当然是一种难以实现的理想：所有人都会产生与他们的核心目标不相容的冲动，如果他们不希望整个人生陷入失败，就必须抑制这种冲动。但这种情况最不可能发生在那些核心冲动最强烈的人身上；在一个力求自由的社会，这种情况也不会像在我们这个充斥着过时制度和专制舆论所造成的人为不相容的社会中那样经常发生。那些希望自己的人生能体现某个核心目标的人，必须始终需要在出现这种情况时发挥内在意志的力量，但有了更好的制度，需要内在意志的场合可能会变少，也没那么重要。这种结果非常令人期待，因为当意志抑制那些只是偶尔会造成伤害的冲动时，它会转移一种可能用来克服外在障碍的力量，并且如果被抑制的冲动是强烈而认真的，它实际上会减少可用的活力。一个充满压抑的人生很可能不再是充满活力的人生，而是变得无精打采，毫无热情可言。当冲动不断受到抑制，它往往会消亡；就算没有，也很容易转入地下发挥作用，并以某种形式发出比它被压制时更糟糕的信号。因此，应该尽可能避免使用内在意志的必要，而行动的一致性应该源于冲动的一致性，而不是意志对冲动的控制。

生活的统一不应要求抑制娱乐和玩耍的随意欲望；相反，应该尽一切努力使生活的主要目的和各种本性无害的愉悦容易结合。诸如习惯性的醉酒、吸毒、残酷的体育运动，或者享受痛苦的乐趣，本质上都是有害的，但文明人天然喜欢的大部分娱乐要么根本无害，要么只是通过某种影响而偶尔有害，这种影响可能在一个更好的社会中是可以避免的。我们需要的不是禁欲主义或单调的清教主义，而是能产生强烈的冲动和欲望并朝着伟大的创造性目标前进的能力。当这种冲动和欲望蠢蠢欲动时，它们会带来创造美好生活所需之物。

尽管娱乐和冒险应有其共同点，但如果它们是人们所渴望的，就不可能创造出美好的生活。主观主义，是种将思想和欲望导向自己的心境而非客观事物的习惯，这不可避免地会让生活变得支离破碎、毫无进展。以娱乐为生活目的的人，往往会逐渐对他习惯性从中获得娱乐的事物失去兴趣，因为他并不看重这些事物本身，而是看重它们在他心中激起的感觉。当乐事不再有趣，无聊就驱使他去寻找新的刺激，而这反过来又会令他失望。娱乐存在于一系列本质上不具有连续性的时刻；一个使生活统一的目的，是需要一些能长久的活动的，它就像是建纪念碑，而不是在沙滩上建小孩的城堡。

主观主义除了一味追求娱乐之外，还有其他形式。很多人在恋爱期间对自己的情绪比对所爱对象更感兴趣；这种爱不会导致任何本质的结合，但会使根本上的分离不减。一旦情感变得不再那么鲜活，这种体验就完成了它的使命，而且似乎没有延续下去的动机。另一方面，新教和道德也助长了同样的主观主义罪恶，因为它们关注的是罪和灵魂的状态，而不是外部世界以及我们与外部世界的关系。主观主义的这些形式无一能阻止一个人的生活不变得支离破碎和孤立无援。只有一种从占主导的冲动中迸发出来指向目标的生活，才能成为一个令人满意的整体，或者才能与他人的生活紧密结合。

追求快乐和追求美德都受主观主义的影响：享乐主义和斯多葛主义也受到了同样的污染。马可·奥勒留为当贤君而制定了完善的法律，并不是个有吸引力的人物。主观主义是生活中思考多于行动时的自然产物：当外物被记住或被渴望，而非被真正体验时，它们似乎变成了仅是想法而已。它们本身对我们，不如它们在我们头脑中产生的影响有趣。这一结果往往是文明程度日益增长所造成的，因为不断增长的文明在不断地减少对活灵活现的行动的需要，并不断地增加思考的机会。但是，思想如果是主动的并指向实现某种目的，就不会有这样糟糕的结果；只有被动的思想，才会导致主观主义。我们需要的是保持思想与冲动和欲望的紧密结合，使思想本身始终是一个具有客观目标的活动。否则，思想与冲动会成为敌人，对双方都会造成大的损害。

为了让普通男女的生活不那么零碎和分散，也为了给他们更多机会发挥创造性的冲动，仅仅知道我们想要达成的目标或者宣称我们要达到的目标是优秀的，这都是万万不够的。有必要了解制度和信仰对冲动的影响，并通过改变制度来发现改善这种影响的方式。当我们完成这项脑力劳动后，我们的思想将依旧贫瘠，除非能将其与某种强大的政治力量联系起来。人们期待从中获得任何帮助以实现似乎需要的变革的唯一一股强大的政治力量就是劳动力。所需的这些变革在很大程度上——比如像劳动力——可能会受到欢迎，尤其是在战后的困难时期。战争结束后，劳动者的不满情绪肯定会遍及整个欧洲，并形成一种政治力量，通过它大规模重建或许会产生效果。

文明世界若想免于衰败，就需要根本地改变——改变它的经济结构和生活哲学。我们当中感觉有必要改革的人，决不可坐视绝望：如果我们选择改变，就能深远地影响未来。我们可以发现并宣扬所需的改变，这种改变要求保持我们这个时代的重要信仰中积极的成分，并且通过消除其中消极和无关紧要的成分，产生一种所有不是纯粹反动的东西都可以拥戴的综合体。一旦弄清需要什么样的改变，就有可能把它的各部分做得更详细。但是，在战争结束前没有什么详细的用途，因为我们不知道战争会留下什么样的世界。唯一似乎不容置疑的是，战争产生的新世界将需要很多新思想。传统观念帮助甚微。很明显，人类最重要的行为并不是由传统政治哲学所强调的那种动机所引导的。制造出战争并将其维持下去的冲动来自一个比大多数政治争论更深的区域。反战的少数人亦来自这个区域。一个政治理论，如果要在艰难时代里坚持下去，就必须考虑到构成明确的思想基础的冲动：它必须吸引这些冲动，并且必须发现如何使它们富有成效，而不是具有毁灭性。

经济制度在促进或破坏生活方面有着巨大的影响力，除了奴隶制，现在的工业体系是有史以来最具破坏性的。机械和大规模生产是不可或缺的，必然会在任何取代现今体制的更优越的体制中存活。工业化下的联邦民主政治或许是改革最好的方向。

当人生哲学被普遍相信时，也会对一个社会的活力产生巨大影响。目前最为大众接受的人生哲学是，对一个人的幸福最重要的是他的收入。且不说其他缺点，这种哲学是有害的，因为它使人瞄准一种结果而非一种活动，瞄准一种人在其中没有区别的物质享受，而不是一种体现每个人个性的创造性冲动。更精致的哲学，如高等教育中灌输的那种，太容易将注意力集中于过去而非将来，集中于正确的行为而非有效的行动上。在这种哲学中，人们是无法找到力量来轻松地承受起传统和不断累积的知识的重量的。

世界需要一种哲学或宗教来提升活。但是为了提升生活，有必要关注生活以外的东西。为活而活的是动物，这没有任何真正的人类价值，不能永久地使人类免于疲倦和一切都是虚荣之感。如果想得到完全属于人类的生活，就必须服务于在某种意义上似乎在人类生活之外的某种目的，某种非个人的、高于整个人类的目的，如上帝、真理或者美。最能提升生活的人并不为自己的生活而活。他们的目标更像是一种渐进的替代形式，一种永恒的东西，一种在想象中生活在远离纷争、失败和时间吞噬的天堂里的东西，把它们带到人类的生活中。接触这种永恒的世界，即便它只是我们想象的世界，也会带来一种力量和根本和平，这种力量和和平无法被我们世俗生活中的冲突和明显的失败完全摧毁。这种对永恒事物的快乐沉思，便是斯宾诺莎所称的对上帝的理智之爱。对于那些曾知道它的人来说，它是智慧的钥匙。

由于我们的能力和机会不同，我们实际上要做的事也各不相同。但如果我们内心有灵性生活，我们必须做什么，必须避免什么，就变得显而易见了。

通过接触永恒的事物，通过一生致力于将神圣的东西带入这个混乱的世界，哪怕是现在，哪怕是在残酷、冲突和仇恨困住我们每个人的手的时候，我们也可以让自己的生活富有创造性。在一个以占有为基础的社会，要使个人生活富有创造性，远比在一个人类以其努力可能在未来建立起来的社会里困难。那些将开始更新这个世界的人必须面对孤独、反对、贫穷和毁谤。他们必须能够靠真理与爱，带着理性的和不可征服的希望而活；他们必须诚实、明智、无畏，并以一贯的目标为指导。大量受此激励的男女将征服——先是他们个人生活中的困难和疑惑，而后在时间上，也许只能在很长一段时间内——外部世界。智慧和希望是这个世界所需要的；虽然这个世界反对它们，但最终还是会尊重它们。

当哥特人洗劫罗马时，圣奥古斯丁写下了《上帝之城》——用精神上的希望取代了已被摧毁的物质现实。在圣奥古斯丁的希望存在并赋予世界活力的几百年里，罗马沦落为一个满是肮脏简陋的住所的村庄。对我们而言，也有必要创造一个新的希望，用我们的思想建立一个比正在自毁的世界更好的世界。因为世道不济，我们所需要的远比一般时代的多。只有思想和灵性的熊熊火焰才能拯救未来的一代代人，使我们认识和热爱的那代人的死亡厄运不会降临到他们头上。

作为一名教师，我很幸运地接触到了许多来自不同国家的年轻人，这些年轻人身上有希望和创造力，这种创造力将在这个世界上实现至少一部分他们赖以生存的想象中的美。他们被卷入战争，站在两个不同的立场。有些人仍在战斗，有些人终生残疾，有些人已然逝去；在那些幸存下来的人中，人们担心许多人将失去灵性生活，担心他们丧失希望，精疲力竭，未来的岁月将只是一段走向坟墓的疲倦之旅。在这场悲剧中，不少传道授业之人似乎感觉尽失：他们以无情的逻辑证明，这些年轻人一直不可避免地被葬送在某种冷酷的抽象目的上；无动于衷的他们，在感情受到任何短暂的打击后又能快速地平复。在这些人身上，灵性生活已死。如果灵性生活还在，便会以一种舐犊之情般辛酸的爱前去拥抱年轻人的灵性。它不会意识到自我的藩篱；他们的悲剧便是它自己的。会有某种声音大喊道："不，这是不对的；这样不好；这不是一项神圣的事业，它毁掉了青春的光辉，令其黯淡无光。是我们老一辈人犯下了罪；我们有着邪恶的激情，我们身上灵性已死，我们无法出于内心的温暖和灵魂的鲜活幻象而慷慨地生活，因而把这些年轻人送去了战场。让我们冲破这种死亡吧，因为死的是我们，而不是那些因我们对生活的恐惧而死的年轻人。他们的灵魂比我们有生气：以后的岁月里，他们将永远把我们困在羞耻和谴责中。他们的魂魄必须活过来，他们必须使我们复活。"

Bertrand Russell
**Why Men Fight**

根据 Taylor & Francis 出版集团旗下 Routledge 出版公司 2015 年版译出
图字：09－2014－961 号

**图书在版编目(CIP)数据**

人为何争斗/(英)伯特兰·罗素(Bertrand Russell)著；陈文铁译. —上海：上海译文出版社，2020.12(2024.10重印)
(罗素文集)
书名原文：Why Men Fight
ISBN 978－7－5327－8584－1

Ⅰ.①人… Ⅱ.①伯…②陈… Ⅲ.①政治哲学—研究 Ⅳ.①D0－02

中国版本图书馆 CIP 数据核字(2020)第 223234 号

**人为何争斗**
[英]伯特兰·罗素 著 陈文铁 译
责任编辑/钟 瑾 装帧设计/半和创意

上海译文出版社有限公司出版、发行
网址：www.yiwen.com.cn
201101 上海市闵行区号景路159弄B座
杭州宏雅印刷有限公司印刷

开本 787×1092 1/32 印张 6 插页 5 字数 99,000
2021 年 1 月第 1 版 2024 年10月第 4 次印刷
印数：7,001—8,500册

ISBN 978－7－5327－8584－1/B·498
定价：48.00 元